Norbert Bicher

Schauplatz BRD

Bibliografische Information der Deutschen Nationalbibliothek

Die Deutsche Nationalbibliothek verzeichnet
diese Publikation in der Deutschen Nationalbibliografie;
detaillierte bibliografische Daten sind im Internet
über http://dnb.dnb.de abrufbar.

ISBN 978-3-8012-0551-5

Copyright © 2019 by Verlag J.H.W. Dietz Nachf. GmbH

Dreizehnmorgenweg 24, 53175 Bonn
Umschlag: Antje Haack, Hamburg
Umschlagbild: picture alliance / imageBROKER
Satz: TypoGraphik Anette Bernbeck, Gelnhausen
Druck und Verarbeitung: L & C Printing Group, Kraków
Alle Rechte vorbehalten
Printed in Poland 2019

Besuchen Sie uns im Internet: www.dietz-verlag.de

Norbert Bicher

Schauplatz BRD

REISEN INS INNERE DER REPUBLIK

Editorial

Zum Leben gehören Erinnerungen. Kostbare, schöne, traurige. Das gilt für die Biografie eines Landes ebenso. Erinnerungen sind individuell. Sie können sich aber auch kollektiv im gesellschaftlichen Bewusstsein festbrennen. Die Geschichten, die hier aus 70 Jahren Bundesrepublik erzählt werden, verkörpern beides. Sie speisen sich aus den Erinnerungen, die in der bundesrepublikanischen Gesellschaft über Jahrzehnte haften geblieben sind. Oder es sind persönliche Erinnerungen, die mein Verständnis für unser Land geprägt haben.

Geschichten über ein Land zu schreiben, kann nicht heißen, die Geschichte des Landes zu schreiben. Ein solcher Anspruch wäre überheblich. Dieses Buch soll erzählen, soll die Leserinnen und Leser mitnehmen in die Vergangenheit, bei der einen oder anderen Geschichte eigene Erinnerungen auffrischen oder zu neuen Sichtweisen einladen.

Das Buch führt an Orte, an denen sich das Schicksal der Republik – positiv oder negativ – mitentschieden hat. Eine Auswahl ist immer nur eine Auswahl. Vieles muss fehlen. Dazu gehören Geschichten, die nahezu auserzählt sind. Geschichten, für die ich keinen neuen Aspekt finden konnte. Das Buch soll unterhaltsam die Vielfalt der Republik widerspiegeln, soll überraschen und 70 Jahre Bundesrepublik auf Haupt- und Nebenwegen nachzeichnen.

Viele der Geschichten habe ich journalistisch begleitet, andere habe ich nacherzählt, weil sie für mich überraschend waren. Dass die Grundlagen der Wiederbewaffnung ausgerechnet in einem Kloster in der Eifel beschlossen wurden, fand ich erstaunlich. Dass das kleine Kressbronn am Ufer des Bodensees seinen Namen hergab für den Zusammenhalt der ersten Großen Koalition von 1966 bis 1969, hat mich als Jugendlichen fasziniert. Als junger Sportredakteur der *Kölnischen Rundschau* habe ich 1979 das Entsetzen über den tragischen Unfall des Gummersbacher Handballers

Joachim Deckarm hautnah miterlebt. Am Wochenende nach dem Mauerfall des 9. November 1989 war ich als Reporter für die *Westfälische Rundschau* in Berlin. Bewegende, turbulente Stunden und Tage, doch nicht über die großen Bilder, die Wucht des Umsturzes erzähle ich. Sondern über das kleine »Dankgebet«, mit dem der weltberühmte, exilierte russische Cellist Mstislaw Rostropowitsch im großen Lärm mit leisen Suitensätzen von Bach an der Mauer feierte.

Die Reisen ins Innere der Republik führen auch zu Skurrilitäten zum Beispiel, dass Willy Brandt auf Fuerteventura nicht als großer Staatsmann, sondern als Mitbegründer des kanarischen Inseltourismus verehrt und gefeiert wird. Und auch, dass das Scheitern des 1972 von Rainer Barzel angestrengten Misstrauensvotums gegen die sozialliberale Koalition in der Kölner Nachtbar »Chez Nous« einen Vorlauf hatte.

Reisen auch mit bitterer Erkenntnis: Dass der Frankfurter Auschwitz-Prozess 1963 nicht der Aufklärungsbereitschaft der bundesdeutschen Justiz, sondern der Hartnäckigkeit eines Kleinkriminellen zu verdanken ist.

Der Band ist chronologisch aufgebaut. Zu jeder der Skizzen gehört ein Foto, das entweder Auskunft über die Orte oder die handelnden Personen gibt. Aus diesen Gründen und weil »Schauplatz BRD« zum neugierigen Schmökern und Blättern einladen soll, haben wir auf ein wenig hilfreiches Inhaltsverzeichnis verzichtet.

Bei der Auswahl hat mich Mareike Malzbender vom Dietz-Verlag kenntnisreich unterstützt. Dafür danke ich sehr. Mein Dank gilt allen, mit denen ich mich über Erinnerungsorte und Geschichten austauschen konnte. Und Hanna, ohne deren Hilfe das Buch ein Zukunftsprojekt geblieben wäre.

Der Kanzler und sein Beichtvater: Konrad Adenauer und Kardinal Josef Frings.

Rhöndorf, 21. August 1949, Privathaus von Konrad Adenauer

Der Kardinal war der erste Eingeweihte. Konrad Adenauer legte ihm eine Art Beichte ab. Im Mai muss es gewesen sein, »als im Jahre 1949 die Verhandlungen des Parlamentarischen Rates in Bonn zu Ende gingen«. So erinnerte sich Josef Frings, der Erzbischof von Köln. »Sehr beglückt« habe der Präsident dieses Rates ihn in seiner Wohnung am Kölner Bayenthalgürtel 41 aufgesucht. Ein stolzer Vater, der dem alten Bekannten von der anstehenden Verlobung seiner Tochter Libet mit Hermann Josef Werhahn, einem Sohn der betuchten Neusser Unternehmerfamilie Werhahn, berichten wollte. Eine gute Partie, über die sich auch der Oberhirte, ein Verwandter des Bräutigams, freute. Doch nach dem familiären Vorgeplänkel wurde die Unterredung politisch, und Frings, den Adenauer schon als Oberbürgermeister in den dreißiger Jahren zum Sonntagsgottesdienst in dessen Gemeinde St. Joseph in Köln-Braunsfeld besucht hatte, wagte eine Prognose über Adenauers Aufgabe in der neuen Bundesrepublik: »Wir werden Sie wohl bald als Bundespräsident begrüßen können.«

»Nein«, soll der damals 73-jährige dem »Herrn Frings« geantwortet haben. Und vertraute ihm an: »Ich habe mir etwas anderes überlegt, ich möchte Bundeskanzler werden.« Dies frühe Geständnis lüftete Frings erst 1973, nach dem Tod Adenauers, in seinen Lebensaufzeichnungen »Für die Menschen bestellt«.

Dass er über seine Pläne mit einem zweiten Vertrauten gesprochen hatte, erfuhren führende Politiker von CDU und CSU, die Adenauer eine Woche nach der ersten Bundestagswahl am 14. August zu einem Gedankenaustausch in sein Privathaus in Rhöndorf eingeladen hatte. Mit dem Wahlergebnis selbst konnte Adenauer persönlich mehr als zufrieden sein. Während CDU und CSU gemeinsam auf 31 Prozent kamen und damit nur knapp vor der SPD (29 Prozent) landeten, hatte er in seinem Wahlkreis Bonn eine satte Mehrheit von 54,9 Prozent eingefahren. Noch besser war das Ergebnis in seinem Rhöndorfer Stimmbezirk.

Als er mit Familie um 10 Uhr zur Stimmabgabe ins Wahllokal »Zur Traube« kommt, meldet der Wahlleiter stolz, dass schon jetzt knapp 50 Prozent der Wähler ihre Stimme abgegeben hatten, und die »Traube« Wirtin kann laut *Spiegel* aus Erfahrung ergänzen: »Der Andrang ist schlimmer als zu Hitlers Zeiten.«

Mit diesem Erfolg im Rücken geht Adenauer früh zu Bett und ist für Nachfragen von Journalisten am Abend nicht zu erreichen. Wohlwissend, dass er schnell das Heft in die Hand nehmen muss, um nicht andere seine Vorstellungen von einer Regierungsbildung zerpflücken zu lassen. Die Vorstellung mancher der bereits zuvor gewählten CDU-Ministerpräsidenten, mit den Sozialdemokraten eine Koalition zu bilden, ist ihm ein Graus. Den SPD-Vorsitzenden Kurt Schumacher, der ihn im Wahlkampf als »Lügenauer« bezeichnet hatte, möchte er auf keinen Fall im Kabinett dulden. Und überhaupt: Mit den sozialdemokratischen »Kirchenfeinden« ist für ihn kein Neuanfang denkbar.

Er weiß, dass er seine Vorstellungen festzurren muss, bevor sich die CDU-Fraktion am 7. September in Bonn konstituiert. Er weiß, dass er vor allem den bayerischen Ministerpräsidenten und CSU-Vorsitzenden Hans Erhard einbinden muss, der insgeheim als Kanzler einer Großen Koalition favorisiert wird. Und er weiß, dass er ihm eine besondere Behandlung gewähren muss, bevor die für den 21. August geplante »Aussprache« mit ausgewählten Christdemokraten in seinem Privathaus in Rhöndorf stattfindet. Also pilgert er einen Tag vor dem Treffen zu Erhard, schmeichelt dem Bayern, dass er sicher ein guter Kanzler werde. Aber leider ginge das ja nicht, da Bayern im Parlamentarischen Rat gegen das Grundgesetz gestimmt habe.

Sonntags dann die »Aussprache«, die später als »Rhöndorfer Konferenz« in die Geschichte eingeht. Der Hausherr hat bei Eintreffen der Gäste gegen 13 Uhr alles perfekt vorbereitet. Eine Kaffeetafel, später ein köstliches Büffet, gute Weine, wie der junge bayerische CSU-Generalsekretär Franz Josef Strauß noch Jahre später schwärmt. Doch nicht nur der äußere Rahmen ist bis ins kleinste geplant. Bei der Auswahl der 24 geladenen Gäste – Ministerpräsidenten, Landeschefs, Vertraute aus seinem Kölner Umfeld – hat Adenauer nichts anbrennen lassen. Allerdings steht der nordrhein-westfälische Ministerpräsident Karl Arnold, ein vehementer Vertreter der

Großen Koalition und Anhänger des linken, für Adenauer nicht akzeptablen Ahlener CDU-Programms, nicht auf der Gästeliste.

Selbstverständlich ist es eine Frage der Höflichkeit, dass die Geladenen dem Gastgeber Wort und Tagesordnung überlassen. Koalitionsfrage, Bundeskanzler, Bundespräsident, das sind die Entscheidungsvorlagen, die er vorgibt.

Am Ende ist alles zu seiner Zufriedenheit gelaufen. Keine Große Koalition, stattdessen ein Bündnis mit FDP und der Deutschen Partei (DP). In der Bundespräsidentenfrage Einigung auf den Adenauer-Favoriten Theodor Heuss. Und in der Kanzlerentscheidung lief es auch auf Adenauers Wunschkandidaten hinaus: ihn selbst.

Über Jahre verbreitete er die Mär, er sei von einem Gesprächsteilnehmer zu seiner »großen Überraschung« vorgeschlagen worden – trotz seines Alters. Diese Version war spätestens dann in dieser Eindeutigkeit nicht mehr zu halten, als in den siebziger Jahren ein Protokoll bekannt wurde, das der damalige CDU-Vorsitzende in Württemberg-Hohenzollern, Gebhard Müller, kurz nach der Tagung verfasst hatte.

Danach ließ sich der Hausherr so ein: »Die wichtigste Person ist der Bundeskanzler, (...) ich will Kanzler werden. Ich bin 73 Jahre, aber ich würde das Amt annehmen.« Nicht zuletzt, weil er »über gewisse Erfahrungen in staatlichen Dingen und Verwaltung« verfüge und »stärkere Ellenbogen« habe, »als ich früher geglaubt hätte«.

In der Version des Kölner CDU-Abgeordneten Hermann Pünder, las sich Adenauers Einlassung dagegen so: »Man hat mich dazu vermocht, mich für die Stellung des Bundeskanzlers zur Verfügung zu stellen.«

Wer ihn »vermocht« hat, ließ Adenauer offen. Vielleicht war es der zweite Vertraute, den er neben Kardinal Frings wohl frühzeitig in seine Pläne einbezogen hatte: sein Hausarzt, Professor Dr. Paul Martini. Denn der, so ließ er die Rhöndorfer Tischrunde wissen, habe ihn »pflichtgemäß untersucht« und attestiert, »für zwei Jahre könne ich das Amt wohl ausführen«.

Es wurden 14 Jahre daraus....

Antimilitarismus als Weltanschauung:
Junge Leute demonstrieren gegen die Wiederbewaffnung.

Kloster Himmerod, 5. Oktober 1950

Die Angelegenheit war streng geheim. Nicht einmal die Mitarbeiter des Kanzleramts wussten so recht, was sich hinter der »Zentrale für Heimatdienst« verbarg, die Konrad Adenauer Anfang 1950 im Palais Schaumburg hatte einrichten lassen. Geschweige denn, dass das Parlament etwas von der Verpflichtung des ehemaligen Panzergenerals Gerhard Graf von Schwerin als sicherheitspolitischer Berater des Kanzlers geahnt hätte. Lediglich die Westalliierten waren von Adenauer eingebunden worden. Sie hatten ihn sogar aufgefordert, angesichts der Militarisierung im sowjetisch beherrschten Block wenigstens ein starkes Kontingent von Polizisten zur Verteidigung der Grenzen aufzustellen. Dabei blieb es nicht. Unter dem Eindruck des begonnenen Kriegs zwischen der kommunistischen Volksrepublik Korea und der von den USA gestützten Republik Südkorea wurde für die NATO die Frage dringlicher, welchen Verteidigungsbeitrag die Bundesrepublik leisten könnte.

Die Mission war heikel. Denn anders als Adenauer, der von Beginn der Republik an sicher war, dass die Souveränität eines Staates nur mit einer eigenen Armee zu sichern sei, hatten die meisten Bundesbürger im Parlament und außerhalb die Nase voll von allem Militärischen. Mitte 1950 formierten sich die ersten Proteste gegen die Wiederbewaffnung. Die evangelische Synode war ebenso auf deren Seite wie kirchliche Jugendverbände, Teile der Gewerkschaften und Persönlichkeiten wie der spätere Bundespräsident Gustav Heinemann, der bis zum August des Jahres als Innenminister in Adenauers Kabinett saß und umgehend zurücktrat, als er aus der Presse von Adenauers Zusammenspiel mit den Westalliierten erfuhr. Mit der ihm eigenen Polemik schoss Adenauer zurück, warf Heinemann vor, als Innenminister ohnehin nichts geleistet zu haben, und für die evangelischen Synodalen hatte er die Diffamierung parat, sie seien nichts anderes als »eine Spielart der kommunistischen West-Infiltration«. Eine Polemik, die nichts mit der Gefühlslage der Republik zu tun hatte. Die umschrieb der SPD-Politiker und Bundestagsvizepräsident, Carlo Schmid, treffender mit der Vermutung: »Der Antimilitarismus ist die eigentliche Weltanschauung der deutschen Jugend nach dem Krieg geworden.«

Das aber hielt den Kanzler nicht von seinen Plänen ab, und Graf von Schwerin schien dafür der richtige Mann. Er war nicht durch Nazinähe vorbelastet, hatte 1944 im Umfeld des Widerstands agiert und war vor ein Kriegsgericht gestellt worden, weil er im Herbst 1944 einen Führerbefehl missachtet und die Wehrmacht aus Aachen zurückgezogen hatte, um weitere Zerstörungen durch die Amerikaner zu verhindern. Bei den Briten hatte er einen guten Leumund, und in Deutschland verbürgte sich für ihn die Journalistin Marion Gräfin Dönhoff bei dem CDU-Vorsitzenden.

Für Schwerin war es dagegen schwierig, nicht vorbelastete ehemalige Führungsleute zu finden, um mit ihnen das, was er »neue Wehrmacht« nannte, zu planen. General Hermann Foertsch beispielsweise war tonangebend in dem Beraterkreis, ein strammer Anhänger des Nationalsozialismus, der sich schon Anfang der dreißiger Jahre dafür stark gemacht hatte, den Eid der Reichswehr auf die Person des Führers zu beziehen.

Und der Graf hatte ein weiteres Problem: Auf keinen Fall konnte er das Beratergremium mit den delikaten Planungen im hellhörigen Bonn tagen lassen. Er suchte dafür die Verschwiegenheit katholischer Klöster. Zunächst war ein Treffen im Benediktinerkloster Walberberg, im Vorgebirge zwischen Köln und Bonn vorgesehen. Als das platzte, weil der NATO-Rat sich noch nicht über die Rolle Deutschlands verständigt hatte, wich er auf das noch abgelegenere Zisterzienser-Kloster Himmerod aus und lud für den 5. Oktober in die Eifel ein.

15 ehemals hochrangige Offiziere erarbeiteten dort binnen vier Tagen eine Denkschrift »über die Aufstellung eines deutschen Kontingents im Rahmen einer übernationalen Streitmacht zur Verteidigung Westeuropas«. Vor allem der erste Teil des später als »Himmeroder Denkschrift« in die Geschichte eingegangenen Papiers hatte es in sich. Die einstige Elite der ehemaligen Wehrmacht verlangte darin, mit der Diffamierung von Weltkriegssoldaten und Mitgliedern der Waffen-SS müsse Schluss sein. Deutsche Soldaten sollten durch eine Ehrenerklärung der Politik reingewa-

schen werden. »Alte Sprachfiguren wie Wehrwille, Wehrkraft und wahres Soldatentum wurden bemüht«, schrieb Detlef Bald 2005 zum 50-jährigen Bestehen der Bundeswehr in der *Zeit*. »Das war der Preis, der für die Bereitschaft der Hitler-Generäle zur Mitarbeit gezahlt werden sollte.«

Was später oft als »Magna Charta der Wiederbewaffnung« durchweg positiv bewertet wurde, erinnerte den Historiker Bald eher an »die operativen Maximen des Generalstabs der vierziger Jahre«, mit einer von vornherein offensiven europaweiten Gesamtverteidigung von den Dardanellen bis nach Skandinavien, wie es in der Denkschrift hieß. Bei Interventionen im Hinterland der osteuropäischen Gegner waren selbst Überlegungen für den Einsatz von Atombomben kein Tabu. »Der Geist des Vernichtungskriegs«, so Bald, »ging wieder um, erweckte aber im Kalten Krieg keinen Verdacht, vergangenheitsbelastet oder gar außenpolitisch revisionistisch zu sein.«

Dass es in den Überlegungen dennoch auch einen Bruch mit der Vergangenheit gab, war vor allem dem ehemaligen Wehrmachtsmajor Wolf Graf von Baudissin, der später stellvertretender Planungsleiter der Bundeswehr wurde, zu verdanken. Er wollte die zukünftigen Soldaten als »Staatsbürger in Uniform« verstanden wissen und setzte in der Denkschrift – so Bald – durch, dass unter Verzicht auf die Wehrmachtstradition »grundlegend Neues zu schaffen sei« und eine wie immer zu nennende Armee nicht mehr »Staat im Staate« sein dürfe.

Von Himmerod bis zur Gründung der Bundeswehr 1955 war es noch ein langer, strittiger Weg. Für Graf von Schwerin, der die Vorarbeiten für die Denkschrift geleistet hatte, allerdings nicht. Ihn warf der Kanzler noch im Oktober 1950 raus, weil der Graf ein für Adenauer unangenehmes Detail von Himmerod ausgeplaudert hatte: Die Deutschen, so zitierte die *Stuttgarter Zeitung* Schwerin, müssten bald wieder mit einer Wehrpflicht rechnen. Der Kanzler ließ dementieren und berief den ehemaligen Panzeroffizier und westfälischen CDU-Bundestagsabgeordneten Theodor Blank zum »Bevollmächtigten für die mit der Vermehrung der alliierten Truppen zusammenhängenden Fragen«. Eine Irreführung: Denn ihm ging es keinesfalls um den Zustand der alliierten Truppen. Adenauer hatte längst den Aufbau einer »neuen Wehrmacht« zur Verteidigung des westlichen Bündnisses im Sinn.

Skandalstreifen: Die junge Hildegard Knef in
Willi Forsts Film »Die Sünderin«.

Regensburg, 21. Februar 1951, Rathaus

Die Kritiker überboten sich in Abscheu. »Ein Faustschlag ins Gesicht jeder anständigen deutschen Frau!«, tobten die einen auf Flugblättern. Andere, darunter katholische Priester, warfen Stinkbomben in Kinosäle. Der Vorsitzende der Deutschen Bischofskonferenz, Kardinal Josef Frings, Erzbischof von Köln, warnte sein Kirchenvolk in einem Hirtenbrief eindringlich: »Ich erwarte, dass unsere katholischen Männer und Frauen, erst recht unsere gesunde katholische Jugend, in berechtigter Empörung und in christlicher Einmütigkeit die Lichtspieltheater meidet, die unter Mißbrauch des Namens der Kunst eine Aufführung bringen, die auf eine Zersetzung der sittlichen Begriffe unseres christlichen Volkes hinauskommt. Ein Christ, der trotzdem diesen Film besucht ..., gibt Ärgernis und macht sich mitschuldig an einer unverantwortlichen Verherrlichung des Bösen.« Noch weit düstere Ahnungen hatte Frings Glaubensbruder, der Regensburger Erzbischof Michael Buchberger. Er wetterte, das sei ein »Vorgeschmack auf einen bolschewistischen Angriff, der die christliche Grundordnung zerstören« werde, als die Kammerlichtspiele der bayerischen Bischofsstadt den Streifen »Die Sünderin« auf den Spielplan setzten.

Seit der Premiere des Films am 18. Januar hatte es Proteste aus konservativen und kirchlichen Kreisen gehagelt. Es war weniger die kurze Szene, in der die jugendliche Hauptdarstellerin Hildegard Knef für einen Augenblick ihre nackte Brust zeigte, die Teile der Republik in Rage brachte, als vielmehr die Story des Regisseurs Willi Forst, in der er die Knef als Prostituierte Marina ihrem todkranken Freund beim Sterben helfen und sich selbst am Ende das Leben nehmen lässt. »Hurerei und Selbstmord! Sollen das die Ideale eines Volkes sein?«, erregte sich der katholische Film-Dienst und mit ihm besorgte Moralisten quer durch die Republik.

Doch nirgendwo eskalierte die Auseinandersetzung so heftig wie in Regensburg. Tausende demonstrierten dort vor dem Rathaus am Abend des 21. Februars, die einen für die Freiheit der Kunst, die anderen für ein Aufführungsverbot. CSU-Oberbürgermeister Georg Zitzler hatte ein Zeichen setzen wollen und sich in Absprache mit dem bayerischen Innenministerium dazu durchgerungen, die geplante Aufführung zu verbieten. Polizisten räumten das Kino. Die Filmrollen wurden in Gewahrsam genommen. Grund genug, dass sich die Stimmung damit erst richtig aufheizte.

Gegen die Demonstranten in den Straßen der Stadt gingen Polizisten mit Knüppeln und Wasserwerfern vor. Bürgerkriegsähnliche Zustände entwickelten sich. Die Lage drohte außer Kontrolle zu geraten. Zumal eine Mehrheit der Menschen es sich nicht gefallen lassen wollte, von Politik und Klerus bevormundet zu werden. Als auch am dritten Tag nach dem Verbot wieder Tausende vor dem Rathaus demonstrierten, entschied der Rat mit einer Stimme Mehrheit, die Aufführung zuzulassen.

Nicht nur in Regensburg, überall im Land hatten die Proteste gegen den künstlerisch eher belanglosen Film das Publikumsinteresse erst recht geweckt und den Skandal-Streifen zu einem Renner gemacht. Mehr als vier Millionen Zuschauer strömten bis zum Sommer in die Kinos, um Knefs Busen zu sehen.

Für die damals 25-jährige Berlinerin war der Erfolg der »Sünderin« Segen und Fluch zugleich. Nach einer kurzen Episode als Kabarettistin in Berlin wurde sie durch die Rolle als KZ-Überlebende und junge Fotografin im ersten großen Nachkriegs- und Naziaufarbeitungsfilm »Die Mörder sind unter uns« von Wolfgang Staudte international bekannt. Die Illustrierte *Stern* feierte sie in ihrer Ausgabe Nr. 1 vom 1. August 1948 als den ersten deutschen Nachkriegsstar. Die Knef erhielt lukrative Angebote aus den USA und wurde 1950 amerikanische Staatsbürgerin. Für die Arbeit in »Die Sünderin« kehrte sie kurz nach Deutschland zurück, nutzte die durch den Streifen noch einmal gesteigerte Popularität zu ersten Plattenaufnahmen, um sich dann wieder fast fluchtartig aus der Bundesrepublik zurückzuziehen. 1957 kam sie erneut nach Berlin, wo sie nicht mehr als Schauspielerin, sondern als Chansonsängerin und Autorin zu einer ebenso gefeierten wie privat tragischen Diva wurde.

»Die Sünderin«, schon im Sommer 1951 aus den Kinos verschwunden, wäre schnell vergessen gewesen, wenn der Film nicht noch lange die Gerichte beschäftigt hätte, um zu klären, ob die Freiheiten im Film durch die Freiheit der Kunst und damit durch das Grundgesetz geschützt sei. Im Dezember 1954 entschied das Bundesverwaltungsgericht in letzter Instanz: ja. Denn »moralische, religiöse und weltanschauliche Auffassungen einzelner Bevölkerungskreise« seien »nicht unter den besonderen Schutz der staatlichen Grundordnung gestellt.«

Das Urteil war nicht nur für Forsts »Sünderin« von Bedeutung. Es veränderte auch den Blick der »Freiwilligen Selbstkontrolle« (FSK) auf die Freigabe von Filmen für Jugendliche. Unter Protest von Kirchen und Konservativen hatte sich die FSK 1951 nach hartem Ringen dazu entschlossen, den Film für Zuschauer ab 18 Jahren freizugeben. Einige Jahre später sahen die Kontrolleure nichts Verwerfliches daran, Kinder ab 12 Jahren den Film sehen zu lassen. Also keine Gefahr mehr »für die seelische Gesundheit unseres ohnehin so schwer geprüften Volkes«, wie sie Kardinal Frings noch 1951 in seinem »Mahnwort« von der Kanzel beschworen hatte.

So sehen Weltmeister aus: Die siegreiche deutsche Nationalelf. Vorne (v.l.n.r.) Zeugwart Adi Dassler, Bundestrainer Sepp Herberger, Kapitän Fritz Walter, Torwart Toni Turek.

Bern, 4. Juli 1954, Wankdorfstadion

Die Stimme, diese sich überschlagende Stimme, dieses »Aus! Aus! Aus! Das Spiel ist aus! Deutschland ist Weltmeister! Schlägt Ungarn mit 3:2 Toren in Bern«. Für Generationen von Deutschen unauslöschlich, unerreichbar der Jubel, mit dem ARD-Reporter Herbert Zimmermann »das Wunder von Bern« in die Fernseher und Radios einer überwältigten Nation, jedenfalls der westdeutschen, schrie.

Da war Helmut Rahn, der in der 18. Minute den Ausgleich für Deutschland geschossen und in der 84. Minute das Siegtor reingeknallt hatte. Und da war in der Abwehr der überragende Torwart Toni Turek, der die Gegner mit seinen Paraden zur Verzweiflung brachte und entscheidend mithalf, den Vorsprung in den letzten Minuten über die Runden zu bringen. So grandios, dass sich Zimmermann hinreißen ließ zu dem Jubelruf: »Toni, Toni, du bist ein Fußballgott!«

Nicht nur der Fußball-, sondern auch der Wettergott meinte es an diesem 4. Juli 1954 gut mit der westdeutschen Nationalmannschaft. Feuchte Luft, Regen war angesagt für das Finale im Berner Wankdorfstadion. Ideal für den Spielführer Fritz Walter. Nach einer Malaria-Infektion, die er sich als Soldat des Zweiten Weltkriegs in US-Gefangenschaft zugezogen hatte, war dieses Klima für den Taktgeber der Nationalmannschaft gedeihlicher als trockene Luft und Hitze. »Fritz-Walter-Wetter« eben, wie seine Fans wussten.

Und auch einem anderen kam der zunehmende Regen zum Ende der ersten Halbzeit beim Stande von 1:1 entgegen. »Adi, stoll auf«, soll Sepp Herberger dem Zeugwart der Mannschaft zugerufen haben. Ein Signal, auf das Adolf Dassler, neben seinem dienenden Job als Zeugwart auch Chef des aufsteigenden Sportartikelherstellers »adidas« aus dem fränkischen Herzogenaurach, nur gewartet zu haben schien. Er behauptete, Schuhe entwickelt zu haben, die leichter waren als alle anderen, die Fußballerfüße trugen. Vor allem aber, sie mit Schraubstollen versehen zu haben, die je nach Nässegrad des Platzes untergeschraubt werden konnten und den Kickern die richtige Bodenhaftung verpassten.

Eine geniale Idee, die er zum großen Ärger seines älteren Bruders und Konkurrenten, Rudolf Dassler, des Inhabers der Konkurrenzfirma »Puma«, als vermeintlicher Mitgestalter des Fußballwunders unter die Leute brachte. Denn auch »Puma« beanspruchte für sich, die Fußballschuhe mit Gewinde entwickelt zu haben. Herberger habe das gewusst, sich aber von Adi Dassler einnehmen lassen und Rudolfs Erfindung bei Adolf Dassler ausgeplaudert. Ein bizarrer Streit der beiden zu Weltunternehmern aufgestiegenen Sportartikel-Brüder.

Denn weder der eine noch der andere schuf die technischen Grundlagen für das Wunder von Bern. Statt im fränkischen Herzogenaurach lag die Wiege dafür im hohen Norden, in einer Schuhmacherei in Blumenthal, einem Vorort von Bremen. Dort ließ sich der Schuster Alexander Salot am 30. August 1949 in der Patentschrift 815761 die Erfindung für »Fußballstiefel o. dgl. mit auswechselbaren Gleitschutzstollen« beglaubigen.

Seine Tüftelei hatte verblüffenden Erfolg. Der 1928 in Schlesien geborene Schuhmacher, der sich Ende der vierziger Jahre als Funktionär beim Oberligisten Blumenthal um das Schuhwerk der Kicker kümmerte, sah mit Erstaunen und Freude, dass sein Verein mit den neuen Schuhen die Konkurrenz überrollte und sich an die Spitze der Bremer Amateurliga schoss.

Salots Erfolg war so durchschlagend, dass der *Spiegel* ihm und seinen Stollen 1950 eine Geschichte widmete. »Mit Gewinde«, so der Titel. Und der »erfinderische Schuster« erzählte darin, wie er die Stollen mit Gewindekern entwickelt und es obendrein geschafft habe, leichte Schuh zu entwickeln, die mit dem Gewicht von Kommissstiefeln nichts mehr gemein hätten.

Oberligavereine aus ganz Deutschland wurden dadurch auf seine Erfindung aufmerksam. Mit der Nachfrage war die kleine Salotsche Schusterei mit nur einem Gesellen längst überfordert. Eine Schuhfabrik im westfälischen Ahlen baute fortan die Blumenthaler Wundertreter in Lizenz.

Allerdings nur kurze Zeit. 1952, so hat es Werner Salot, der Sohn des findigen Schusters, 2008 in einem Buch niedergeschrieben, klopften zwei Herren an die Tür der Schuhmacherei in Bremen-Blumenthal und forderten Salot auf, die Produktion umgehend einzustellen, weil kein Patent von ihm vorliege. Er hatte es eingereicht, sich um seine Anerkennung aber nie gekümmert und damit das große Geschäft zerfließen lassen.

Wer die Herren waren, ist nicht gewiss. Fest steht nur, dass der Produktionsstopp für den Tüftler aus Bremen den Dassler-Brüdern die Chance gab, über Jahrzehnte die geniale Erfindung für sich zu beanspruchen. Und so bleibt das Wunder von Bern bis heute ein rätselhaftes Märchen aus Franken.

Gruppenbild mit Hildebrandt: Das Ensemble der Lach- und Schieß auf dem Höhepunkt ihres Erfolgs in den sechziger Jahren. Vorne (v.l.n.r.): Hans J. Diedrich, Klaus Havenstein, Dieter Hildebrandt und Jürgen Scheller; hinten (v.l.n.r.): Regisseur Sammy Drechsel, Texter Klaus Peter Schreiner, Ursula Noack und die Musiker Walter Kabel (Flügel) und Heinz Briola (Kontrabass).

München-Schwabing, 12. Dezember 1956, Lokal »Das Stachelschwein«

Geburtshelfer war der »FC Schmiere«. Für den Studenten, Jungkabarettisten und Fußballfan Dieter Hildebrandt war klar, dass er in dieser Promimannschaft keinesfalls fehlen durfte. »Da spielen doch lauter Künstler«, stellte er sich 1956 selbstbewusst bei Sammy Drechsel vor, Sportreporter beim Bayerischen Rundfunk und Organisator der Kicker-Elf, die den Ball bevorzugt für Wohltätigkeitszwecke schoss. Als Künstler fühlte sich der 1926 in Schlesien geborene Hildebrandt allemal: Er hatte während seines Studiums der Theaterwissenschaft auf kleinen Münchner Bühnen schon Kabarett gemacht und die Truppe »Die Namenlosen« gegründet. Aber der große Glücksfall für ihn und das bundesdeutsche Nachkriegskabarett war, dass er beim Kicken dem Tausendsassa Drechsel begegnete. Die beiden ergänzten sich in ihrer Lust zur Satire – und Sammy, der nach München verschlagene Berliner, erreichte mit unbändigem Tatendrang und Organisationstalent, dass die beiden über Jahrzehnte ein Erfolgsduo wurden, das den Takt für politische Spitzen vorgab.

»Ich wollte die Welt natürlich verändern. Sofort. Ich wollte den Bundeskanzler stürzen, sämtliche Minister, die ich nicht mochte«, ironisierte Hildebrandt den Schwung, den er sich für die Bühne vorgenommen hatte. Dem lebenserfahreneren Drechsel war klar, dass Nachwuchstalente nicht reichen würden, um auf einer eigenen Bühne den Durchbruch zu schaffen. Große Namen mussten her. Da er Gott und die Welt kannte und wie selbstverständlich duzte, klopfte er ganz oben an. Zunächst bei Ursula Herking. Die 1912 in Dessau geborene Schauspielerin war im Nachkriegskabarett in der Münchner »Schaubühne« zum Lokalstar geworden. Da sie sich zierte, versicherte ihr Drechsel, auch den großen Komödianten Klaus Havenstein gewonnen zu haben. Der zehn Jahre jüngere Schauspieler, Synchronsprecher und Fernsehmoderator (»Sport-Spiel-Spannung«) biss nur an, weil ihm »Sammy« versicherte, »die Herking« sei auch an Bord.

Eine Bühne hatte er auch schon gefunden, in der Schwabinger Kneipe »Das Stachelschwein«. Und beim Namen für die neue Truppe war man sich auch schnell einig: Lach- und Schießgesellschaft.

Am 12. Dezember 1956, einem Mittwochabend, war's dann so weit. Die Künstlerkneipe, Ursulastraße 9, war mit 100 Zuschauern gerammelt voll. Auf der knapp vier Quadratmeter großen Bühne zogen Havenstein, Hildebrandt, Herking und der Schauspieler Hans-Jürgen Diedrich ein so fulminantes Programm ab – »Denn sie müssen nicht, was sie tun« –, dass der Laden über Wochen ausverkauft war und die ARD wenige Monate später eine Aufführung in Fernsehen übertrug.

Eingefädelt hatte das der umtriebige Drechsel, der nicht nur auf der Bühne, sondern überall bei der »Lach- und Schieß« die Regiefäden zog. Denn ihm war klar: »Ohne die Präsenz in der Glotze hätten wir uns hier den Wolf spielen können, und in Augsburg hätte uns keine Sau gekannt.«

So aber kannte die Truppe bald jede Sau im Land. Und wer konnte, der wollte miterleben, wenn Hildebrandt & Co. ihre bissigen Spitzen über die pieffige Adenauer-Aera, die Wiederbewaffnung, die Durchsetzung von Schlüsselpositionen mit Altnazis präsentierten. Auch die, über die die »Lach- und Schieß« am liebsten herzog, die Regierenden in Land und Bund, wollten dabei sein. Sammy Drechsel besorgte ihnen die besten Plätze.

Spätestens Anfang der sechziger Jahre war der große Durchbruch geschafft und Hildebrandt der unumstrittene Star der Truppe. Die oft kauzig wirkende Art, die in unvollendeten Halbsätzen formulierte Kritik, die gespielte Ahnungslosigkeit waren seine Markenzeichen und wurden zum Nonplusultra des deutschen Kabaretts. Mit ihren Programmen »Schimpf vor Zwölf« waren die Münchner zu Silvester Fernseh-Dauergäste in deutschen Wohnzimmern.

So erfolgreich waren sie, dass ihnen der Erfolg zum Verhängnis wurde. Denn 1969 hatte es Hildebrand endlich geschafft: Die Bundeskanzler, die er nicht mochte, Adenauer, Erhard, Kiesinger waren weggefegt. Und mit Willy Brandt kam einer, den er mochte. Die alte Bissigkeit ging verloren, jüngere Truppen, in der APO-Zeit entstanden, sprachen ein neues Publikum an. 1973 gab die alte »Lach- und Schieß« ihr letztes Programm. Dieter Hildebrandt und Sammy Drechsel mussten sich neu erfinden. Statt der kleinen Bühne in der Ursulastraße wurden Fernsehstudios ihr Zuhause. Mit »Notizen aus der Provinz« (ZDF) und später dem »Scheibenwischer« (ARD) blieb das Duo dem Fernsehpublikum erhalten und nervte vor allem Konservative weiter mit ihrer – wie Franz Josef Strauß bollerte – politischen »Giftmischerei«.

Die ersten Opfer der Bundeswehr: Leichenbergung verunglückter Rekruten auf der Iller.

Hirschdorf, 3. Juni 1957, Iller

Für Verteidigungsminister Franz Josef Strauß sollte es ein großer und fröhlicher Tag werden. Im Münchner Hauptbahnhof hatte er sich frisieren und maniküren lassen, um den besten Eindruck zu machen für den Polterabend mit seiner künftigen Ehefrau, der Brauereierbin Marianne Zwicknag. Doch auf dem Weg nach Rott am Inn, wo das Fest mit allem Pomp gefeiert werden sollte, hörte er im Autoradio von der ersten großen Katastrophe, die die junge Bundeswehr getroffen hatte. 15 Rekruten waren am Nachmittag des 3. Juni 1957 bei der Durchquerung der Iller von den Fluten des Flusses weggerissen und getötet worden.

Statt zu feiern eilte der Oberbefehlshaber der Bundeswehr zum Unfallort an der Iller bei Hirschdorf. Der wagemutige und verbotene Befehl eines unerfahrenen Ausbilders hatte 28 Soldaten in der Grundausbildung in größte Gefahr gebracht und 15 von ihnen um ihr Leben. Auf dem Rückweg von einer halbtägigen Übung hatte sich der 23-jährige Stabsoberjäger Dieter Julitz, Hilfsausbilder und diensttuender Zugführer in der 2. Kompanie des Luftlande-Jägerbataillons in Kempten, dazu entschieden, eine Abkürzung zur Kaserne durch den Fluss zu nehmen. Ein riskantes Unternehmen, das vom Bataillonskommandeur mehrfach ausdrücklich verboten worden war.

Die Opfer der Katastrophe gehörten zu den Wehrpflichtigen, die erstmals am 1. April 1957 zum Aufbau der Bundeswehr eingezogen worden waren. Am Unglück von Hirschdorf entspann sich nicht nur eine Debatte über das persönliche Verschulden des Ausbilders Julitz, sondern vielmehr eine darüber, ob nicht mit allzu großer Hast der Aufbau einer Armee betrieben werde, für die es einfach noch an geeignetem Personal fehlte. So war Dieter Julitz erst im September 1956 von der Polizei zur Bundeswehr gekommen und wenige Monate später zum Unterfeldwebel befördert worden. Die Eile, mit der Bundeskanzler Konrad Adenauer und Verteidigungsminister Franz Josef Strauß trotz des Mangels an qualifizierten Führern und Unterführern die Aufstellung einer Armee betreiben, wurde in den militärischen Führungsetagen des Ministeriums in der Bonner Hermeskeilkaserne mit großer Skepsis gesehen. Ihnen gab der Verteidigungsexperte der SPD-Bundestagsfraktion, Helmut Schmidt, eine Stimme, als er im November 1956 im Bundestag monierte: »Wenn Sie die leitenden Offiziere des Verteidigungsministeriums fragen, so merken Sie, daß bei denen kein Zweifel darüber vorhanden ist, daß die Bundeswehr in Wirklichkeit nicht in der Lage ist, im kommenden Frühjahr in nennenswertem Umfang wehrpflichtige Soldaten aufzunehmen; im Gegenteil, wenn der Bundeswehr die Aufnahme von Wehrpflichtigen aus politischen Gründen aufgezwungen werden sollte«, so würden dies führende Soldaten des Verteidigungsministeriums für ein Unglück halten, »weil sie den Reifegrad der bisher aufgestellten Truppen kennen«.

Diesen Bedenken zum Trotz war Strauß daran gelegen, als Verteidigungsminister – ein Posten, um den er lange kämpfen musste – möglichst schnell oberster Dienstherr einer Bundeswehr zu sein, deren Aufwachsen im westlichen Verteidigungsbündnis Anerkennung findet. So suchte er die Entscheidung zur Wehrpflicht, über die der Bundestag am 7. Juli 1956 bei 269 Zustimmungen, 166 Ablehnungen und 20 Enthaltungen entschieden hatte, zügig durchzusetzen.

Das Drama von Hirschdorf durfte deshalb nicht als Folge einer Sturzgeburt dargestellt werden, sondern musste als Tragödie eines allzu forsch agierenden Unterführers, der die Gewalt des Flusses unterschätzt habe, präsentiert werden. Ein Fehler, der jedem hätte passieren können. Selbst der Minister konnte sich bei Besichtigung des Unfallorts nicht vorstellen, dass es gefährlich sein sollte, durch die scheinbar ruhig dahin fließende Iller zu waten. Vor Strauß war schon der Kommandeur der Luftlandedivision, Oberst von Baer, vor Ort, hatte im Selbstversuch die Badehose angezogen und die Strömung unbeschadet am eigenen Körper geprüft. Ein tragischer Unfall eben – nicht mehr und nicht weniger. Eine Linie, die nicht nur Strauß vertrat. Auch Bundeskanzler Adenauer, der wegen der Wiederbewaffnung ohnehin heftig angegriffen worden war, gab am 12. Juni im Kabinett diese Linie vor. Nicht das »System« Bundeswehr, »sondern die Schuld eines Einzelnen oder mehrerer Einzelner« habe zu der Katastrophe geführt, stellte er in der Sitzung apodiktisch klar, um politischen

Schaden abzuwenden. Juristisch wurde später nur der Hilfsausbilder Julitz belangt und zu acht Monaten Gefängnis verurteilt.

In der Bundeswehr selbst wirkte das Unglück allerdings nach. Noch am Unfallort, unmittelbar nach der Katastrophe, hatte der Pressesprecher des Verteidigungsministeriums, der Major und spätere General Gerd Schmückle, zur Hilfe für die Opfer und deren Angehörige aufgerufen. Aus diesem spontanen Hilfeaufruf entwickelte sich eine Initiative, die noch heute in Not geratene Soldatenfamilien unterstützt: das »Soldatenhilfswerk«. Es gründete sich auf dem Hilfsfond, den der damalige Generalinspekteur der Bundeswehr, General Adolf Heusinger, für die Opfer von Hirschdorf einrichtete und der mit Spenden aus der Armee und der Bevölkerung gefüllt wurde. Das Hilfswerk wurde offiziell am 18. Oktober 1957 gegründet. Den Vorsitz übernahm Verteidigungsminister Franz Josef Strauß. Später folgten die Generalinspekteure der Bundeswehr in dieser Aufgabe. »Soldaten helfen Soldaten«, unter diesem Slogan hat das Hilfswerk in den vergangenen 60 Jahren in mehr als 35.000 Fällen helfen können: von der Unterstützung für Wehrpflichtige über Therapien bis zu spontanen Hilfen für finanziell in Not geratene Bundeswehrangehörige. Ein breites Spektrum, für das die Bundeswehr mit ungezählten Aktionen um Spenden wirbt.

In Hirschdorf erinnert bis heute ein Denkmal an die Tragödie des 3. Juni 1957. Und zu den Jahrestagen treffen sich dort immer noch Angehörige und Freunde der ersten Rekruten, die nach dem Krieg ihr Leben im Dienst für Deutschland verloren haben.

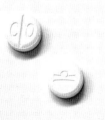

Beruhigung mit fatalen Folgen: »Das Schlafmittel des Jahrhunderts«.

Stolberg, 1. Oktober 1957, Firma Grünenthal

Erschrecken, Entsetzen. Und die Frage: Was soll aus dem Kind nur werden? Ein Baby kommt zur Welt. Ohne Beine. Oder ohne Arme. Verstümmelte Händchen, die aus den Schulterblättern wachsen. 5.000 Mal und mehr wiederholt sich in der jungen Bundesrepublik dieses Szenario: Ein Arzt oder eine Hebamme reicht der Mutter ihr gerade entbundenes Kind – und es hat eine Fehlbildung, wie das verharmlosend heißt.

Ab 1958 gibt es diese Fälle zunehmend. Was ist die Ursache? Der Chefarzt der Bayreuther Kinderklinik, Karl Beck, hat einen Verdacht, sieht die Ursache in den Nukleartests der Großmächte. »Immer wenn Atombomben explodieren«, schreibt er am 10. Mai in der *Schwäbischen Landeszeitung*, »werden Embryos geschädigt und Monate später als missgebildete Kinder geboren.« Das Bundesinnenministerium, damals für Gesundheitsfragen zuständig, initiiert eine Untersuchung, die keinen signifikanten Anstieg im Land ergibt. Sensationsmache eines geltungssüchtigen Arztes?

Der Mediziner Beck erkennt früh eine Katastrophe, deren Ursachen allerdings nicht in einem pazifischen Atoll liegen, sondern in dem rheinischen Städtchen Stolberg bei Aachen. Die dortige Pharmafirma Grünenthal bringt im Oktober 1957 ein nicht verschreibungspflichtiges Medikament auf den Markt, das zum meistverkauften Tranquilizer hierzulande und in 46 Ländern weltweit vermarktet wird. Das »Schlafmittel des Jahrhunderts«: Contergan, Wirkstoff Thalidomid. Besonders beworben per Handzettel in gynäkologischen Praxen: »Ruhe und Schlaf zu fördern vermag Contergan. Das gefahrlose Medikament belastet den Leberstoffwechsel nicht, beeinflusst weder Blutdruck noch Kreislauf und wird auch von empfindlichen Patienten gut vertragen.«

Der Neurologe Horst Frenkel macht in einer Privatklinik im Taunus andere Erfahrungen. Einige seiner Patienten klagen über Wadenkrämpfe, Sprachstörungen, Ermüdung und hohe Schmerzempfindlichkeit, die wieder verschwinden, wenn er Contergan absetzt. Da Kollegen anderer Kliniken ähnliche Erfahrungen machen, sucht er mit einem Beitrag für die »Medizinische Welt« die Öffentlichkeit. Als der 1961 mit großer Verzögerung endlich erscheint, wird klar, dass es einen Zusammenhang zwischen dem Medikament und der Fehlbildung Neugeborener geben muss. Im November nimmt Grünenthal Contergan vom Markt – der größte Arzneimittelskandal der Bundesrepublik ist öffentlich.

Wie geht es den »Contis«, wie sich manche von ihnen selbstironisch nennen, inzwischen 56 bis 62 Jahre alt, heute? Wie bei Mackie Messer: Die einen sind im Dunkeln, die anderen sind im Licht. Eine bitterböse Zahl: Mehr als die Hälfte von ihnen lebt nicht mehr. Contergan hat nicht nur Extremitäten geschädigt, sondern, je nach Intensität der Einnahme, auch die inneren Organe. Andere haben Erfolg, großen Erfolg. Bianca Vogel, ohne Arme geboren, wird 1991 erste Weltmeisterin der behinderten Reiter und gewinnt bei den Paralympics in Athen 2004 zwei Silbermedaillen. Niko von Glasow, in eine Verlegerfamilie hineingeboren, zeigt 2007 im WDR in der Reihe »Menschen hautnah« sein lebenswertes Leben als Contergan-Geschädigter. Für seinen Dokumentarfilm »NoBody´s Perfect« sucht er zwölf »Contis«, die sich nackt fotografieren lassen und findet faszinierende Persönlichkeiten, die in Berufsfeldern wie Politik, Medien, Sport, Astrophysik oder Schauspiel arbeiten. Andere wurden Psychologen, Steuerberater, Tanzlehrer, Gymnasiallehrer – Mittelschicht.

Der berühmteste von allen: Thomas Quasthoff. Weltstar mit einem begnadeten Bariton, der bis zu einer Stimmkrise auf allen großen Konzertbühnen zuhause ist, der mit den größten Dirigenten arbeitet – oder sie mit ihm, der jazzt, als Kabarettist auftritt und als strenger Professor für Gesang an der renommierten Berliner Musikhochschule »Hanns Eisler« lehrt. Das Contergan-Thema ist für ihn, kleinwüchsig und kurzarmig, keines mehr: »Die Verzweiflung habe ich hinter mir.« Oder ironisch: »In Deutschland leben 80 Millionen Behinderte, ich habe den Vorteil, dass man es mir ansieht.« Erfolg macht stark. Früher hat er sich durchaus bitter an seine kindlichen Erfahrungen in einem Wohnstift für Schwerbehinderte erinnert. Und er hat Menschen mit einem körperlichen Malus ermutigt.

»Die im Dunkeln« haben andere Probleme. Vor allem finanzielle. »Grünenthal ist robust in der Verfolgung der Unternehmensinteressen«, kommentiert der Bundesverband der Contergan-Geschädigten auf seiner Webseite. Das war immer so. Die juristische Aufarbeitung des Arzneimittelskandal wird lange hinausgezögert, so steht der Prozess unter dem enormen Druck einer Verjährungsfrist. Nach einem fragwürdigen Kompromiss wird er »aus mangelndem öffentlichen Interesse und wegen Geringfügigkeit« eingestellt. Der Pharmahersteller, dessen Eigner eine der reichsten Familien des Landes ist, zahlt 100 Millionen Mark in eine neu zu gründende Stiftung ein, später noch einmal 50 Millionen. Das Geld ist lange ausgegeben. Und noch 2007 klagt Grünenthal gegen die Ausstrahlung des TV-Zweiteilers »Eine einzige Tablette«, der den Skandal in Erinnerung ruft – vergebens.

Der Staat hat quasi die finanzielle Verantwortung für die Opfer übernommen. Die Renten, fein säuberlich austariert nach dem Grad der Behinderungen, sind nicht üppig. Manchmal liegen sie kurz über Sozialhilfeniveau. Dafür sind die Kosten hoch: Ein Auto, das man mit den Füssen steuern kann? Behindertengerechtes Wohnen. Hilfestellung für viele Alltagsprobleme.

Und dann die Schmerzen. Schmerztherapeuten kennen sie bei Contergan-Geschädigten als eigenständigen Krankheitswert. Mit dem Alter nehmen die Belastungen zu. Die lebenslange Überstrapazierung der Gelenke, die fehlende Extremitäten kompensieren müssen. Die Zähne, die zu Hilfswerkzeugen wurden. Mangelnde Bewegung, mangelnde soziale Kontakte. Mehr Depressionen als in der übrigen Bevölkerung.

Nicht wenige Contergan-Geschädigte haben – mehr noch als auf finanzielle Akzeptanz – auf die Anteilnahme der Grünenthals gewartet. Als sich 2002 der amtierende Grünenthal-Chef Harald Stock endlich dazu entschloss, war es ein eher schmallippiges Bekenntnis: »Wir bitten um Entschuldigung, dass wir fast 50 Jahre nicht den Weg von Mensch zu Mensch gefunden haben.« Das sei Ausdruck der stummen Erschütterung gewesen, die das Unternehmen mit dem Schicksal der Opfer empfunden habe. Eine beruflich erfolgreiche Frau kommentierte das bitter: »Wir haben eine Behinderung, unsere Mütter haben ein schlechtes Gewissen und die haben kein Schuldbewusstsein – kann das denn sein?«

Beweismittel im Auschwitz-Prozess:
Die berüchtigte »Boger-Schaukel« als Modell.

Bruchsal, 1. März 1958, Haftanstalt

Einen guten Leumund hatte der Erstatter der Anzeige nicht. Die Absenderadresse: Haftanstalt Bruchsal. Der Absender: Adolf Rögner. Ein notorischer Kleinkrimineller, der wegen Meineids und anderer Delikte in dem als »Männerzuchthaus« 1848 fertiggestellten Gefängnis einsaß, als er am 1. März 1958 die Staatsanwaltschaft Stuttgart anschrieb. Zunächst ging es dem Häftling um eigene Belange, indem er von der Staatsanwaltschaft »Freigabe von Medikamenten u. a.« verlangte. Dann aber bezichtigte er den als kleinen Angestellten in Stuttgart-Zuffenhausen lebenden Wilhelm Bogner des hundertfachen Mordes, nannte der Behörde Wohnort und Arbeitsstelle des angeblichen Täters und den Tatort von dessen Untaten: Auschwitz, das schlimmste aller Konzentrationslager der Nazis. Von 1942 bis 1945 waren dort 965.000 Juden, 75.000 Polen, 21.000 Sinti und Roma, 15.000 sowjetische Kriegsgefangene, 15.000 andere von den Nazis verfolgte Häftlinge ermordet worden. 865.000 Juden, mit mehr als 600 Zügen der Deutschen Reichsbahn aus ganz Europa in den polnischen Ort deportiert, wurden gleich nach der Ankunft in den Gaskammern umgebracht.

Dieses grauenvolle Morden wurde in der jungen Bundesrepublik tabuisiert, verschwiegen und ausgeblendet. Als einer der ersten kritisierte Heinrich Böll 1954 diese Verlogenheit und schrieb in seinem Aufsatz »Auferstehung des Gewissens«: »Unsere Kinder wissen nicht, was vor zehn Jahren geschehen ist. Sie lernen die Namen von Städten kennen, mit deren Nennung sich ein fader Heroismus verbindet: Leuthen, Waterloo, Austerlitz, aber von Auschwitz wissen unsere Kinder nichts.«

Und ausgerechnet ein Krimineller, dieser ein wenig windig wirkende Adolf Rögner, sollte diese Schweigespirale aufbrechen? Die Staatsanwaltschaft hatte Zweifel und packte die Vorwürfe mit spitzen Fingern an. Ein »geltungssüchtiger Psychopath«, dessen Ziel es sei, die Strafverfolgungsbehörden mit Ermittlungen zu überziehen. Der sich seine detaillierten Kenntnisse über die Örtlichkeiten in Auschwitz auch angelesen haben könnte, lautete die Skepsis nach der ersten Vernehmung Rögners. Als bekennendes Mitglied der KPD war der zudem höchst suspekt.

Allerdings konnte der in der Haftanstalt als Querulant geltende Rögner nachweisen, dass er als »krimineller Vorbeugungshäftling« 1941 von Dachau nach Auschwitz deportiert wurde und dort mit der Häftlingsnummer 15.465 eingesessen hatte. Auch seine Angaben über den SS-Oberscharführer Boger, von Häftlingen als »Teufel von Auschwitz« gefürchtet, waren präzis. Der in Stuttgart-Zuffenhausen geborene Boger war nach seinen Greueltaten in Auschwitz von den Amerikanern festgesetzt worden, hatte sich 1946 einer Überstellung an die polnischen Behörden durch Flucht entzogen und lebte – wie in der Anzeige Rögners angegeben – 1958 als Angestellter der Motorenwerke Heimke in Hemmingen, Kreis Leonberg.

Boger war den Angaben Rögners zufolge einer von 8.000 SS-Angehörigen, die die Mordmaschinerie in dem KZ mit seinen 40 Außenstellen organisierten. Der SS-Oberscharführer war wegen seiner Brutalität gefürchtet. Er hatte in dem Lager eine Foltermethode entwickelt, eine »Papageienschaukel«, in der die Opfer kopfüber an einer Stange aufgehängt wurden und unter Qualen zum Reden gebracht werden sollten. Zynisch hatte Boger das Folterinstrument als »Sprechwerkzeug« bezeichnet.

Erst Wochen nach Eingang der Strafanzeige Rögners beauftragte die Stuttgarter Staatsanwaltschaft die Kriminalpolizei, unauffällig die angegebenen Daten über Bogner zu überprüfen. Zu weiteren Ermittlungen kam es erst nach massiver Intervention Hermann Langbeins, der von Wien aus als Geschäftsführer des Internationalen Auschwitz-Komitees Belastungszeugen im Fall Boger zu nennen bereit war, aber nur dann, wenn Maßnahmen gegen den SS-Mann unternommen würden. Dazu kam es erst im Oktober 1958. Boger wurde verhaftet und in Untersuchungshaft genommen: Ihm konnte wenigstens in einem Fall nachgewiesen werden, in Auschwitz einen Häftling aus Mordlust getötet zu haben.

Bis ihm und anderen Auschwitz-Tätern der Prozess gemacht werden konnte, war es noch ein weiter Weg. Der Zufall spielte dabei Anfang 1959 eine große Rolle: Der Auschwitz-Überlebende Emil Wulkan übergab dem Frankfurter Journalisten Thomas Gnielka Dokumente aus dem KZ, die Namen von Opfern und Tätern nannten. Der Redakteur der *Frankfurter Rundschau* leitete die Dokumente an den hessischen

Generalstaatsanwalt Fritz Bauer weiter, der gegen viele Widerstände mit Unterstützung des Bundesgerichtshofs erreichte, dass das Frankfurter Landgericht mit dem »Komplex Auschwitz« betraut wurde.

Nach mehr als vierjährigen Ermittlungen, der Befragung von mehr als 1.200 Beschuldigten, von über 1.000 Zeugen, Holocaust-Überlebenden und ehemaligen SS-Angehörigen, konnten die Staatsanwälte Georg Friedrich Vogel und Joachim Kügler im April 1963 endlich beim Landgericht Frankfurt gegen 24 Beschuldigte die Anklageschrift einreichen.

Der erste Auschwitz-Prozess dauerte 20 Monate. 360 Zeugen wurden vernommen. Nur sechs Angeklagte wurden zu lebenslangen Zuchthausstrafen verurteilt, weil ihnen eigenmächtige, aus niederen Beweggründen begangene Tötungen nachzuweisen waren. Die anderen Angeklagten hatten nach Ansicht des Gerichts nur auf Befehl gehandelt und kamen mit geringen Haftstrafen davon. Wilhelm Boger, zu lebenslanger Haft verurteilt, starb 1977 im Gefängnis.

Über Adolf Rögner, dem es zu verdanken ist, dass der erste Auschwitz-Prozess zustande kam, ist bis heute wenig bekannt. »Sein schwieriger Lebensweg ist vermutlich ein Grund für das Ausbleiben einer angemessenen Würdigung durch die Geschichtsschreibung«, schreibt der Politikwissenschaftler Henry Leide in seiner Studie »Auschwitz und Staatssicherheit«. Rögner pendelte in den sechziger Jahren zwischen Ost und West, ohne hier wie dort Anerkennung zu finden. Sein Ende war so tragisch wie sein Leben. Er starb verarmt und vereinsamt 1971 in der Nervenklinik Günzburg.

Auf der Reeperbahn geboren: Der unsterbliche Mythos der Beatles.

Hamburg, 17. August 1960, Reeperbahn

Radau und Schau. Mehr war nicht gefragt. Die Musik. Hauptsache, Texte in englischer Sprache und irgendwie Rock'n'Roll. Nur nicht so pomadig, wie ihn deutsche Sänger lieferten. Genauso wichtig: laut. So laut, dass man es draußen auf der Straße hören konnte. Die Band nur Lockvogel, um Freier für die Prostituierten in den Kiez-Nachtclub »Indira« auf der Reeperbahn zu ködern.

Das waren die Bedingungen, unter denen die Hamburger Kiezgröße Bruno Koschmider sich 1960 fünf grüne Jungs aus Liverpool hatte vermitteln lassen. Grün vom Alter, aber auch grün vom Repertoire. Manchmal mussten auch Pfadfindersongs her, um die vertraglich festgelegte Spielzeit von viereinhalb Stunden an Werktagen und sechs am Wochenende nicht allzu eintönig zu überstehen. Verdienst: 30 Mark pro Kopf und Nacht.

Hamburg, na klar. Deutschen der Beat-Generation glänzen die Augen. Die Reeperbahn war die Geburtsstunde der Beatles. Aber meistens denken sie dabei an die Auftritte der unsterblichen Vier im renommierten »Starclub«, dessen Ruf sie mit ihrem Durchbruch im November 1962 unvergessen machten.

Begonnen hatte alles aber schon am 17. August 1960 im »Indira« mit der Band, die sich wenige Tage zuvor den Namen »The Beatles« gegeben hatte. Dass das improvisierte Spektakel der Start in eine atemberaubende Weltkarriere war, ahnte damals niemand. Die Anfangsformation: John Lennon, Paul McCartney, George Harrison, Stuart Sutcliffe und der erst wenige Tage vorher angeworbene Schlagzeuger Pete Best. 48 Mal traten sie im »Indira« auf. Eine Bedingung hatten sie optimal erfüllt. Laut waren sie – der Club wurde wegen Lärmbeschwerden der Nachbarn dicht gemacht.

Kein Problem für Koschmider, der die Liverpooler dann in seinem nicht weit entfernten »Kaiserkeller« spielen ließ. Am 30. November war's auch damit vorbei. Nicht ganz rühmlich. George Harrison war abgeschoben worden, da ihm – erst 17-jährig – die Arbeitserlaubnis für Nachtclubs entzogen wurde. Für Paul McCartney und Pete Best wurde es im wahrsten Sinne des Wortes brenzlig, weil sie der Brandstiftung verdächtigt wurden. Die Band flüchtete nach Liverpool.

Lange hielten sie es auf der Insel nicht aus. Hamburg zog sie zurück. Mit einem Engagement im »Top-Ten-Club«, ebenfalls auf der Reeperbahn. 92 Auftritte im Frühsommer 1961. Der große Durchbruch kam ein Jahr später, als sie vom 13. April an bis Ende Mai im »Starclub« rockten – in der legendären Formation. Stuttcliffe war wenige Tage zuvor – gerade 20 Jahre alt – an einer Hirnblutung gestorben. Pete Best durch Ringo Starr ersetzt. Nicht nur musikalisch war die Band gefestigt. Auch ihr äußeres Markenzeichen, epochemachend, war entwickelt: die Pilzköpfe. Und für den »Starclub« war das Engagement der Vier ein Paukenschlag: »Die Not hat ein Ende – die Zeit der Dorfmusik ist vorbei«, warb der Club und beanspruchte für sich, den Durchbruch der Beatles erlebt zu haben.

»Da bin ich erwachsen geworden« sagte John Lennon später über diese Zeit an der Elbe. So ganz erwachsen war er bei seinem ersten »Starclub«-Auftritt doch nicht. Viel Alkohol – und immer für eine Provokation zu haben. Mal erschien er in Unterhose auf der Bühne, mal mit einem Toilettendeckel um den Hals. Noch dreimal lassen sich die Beatles im Club engagieren, dann ist er für ihre Weltkarriere zu klein geworden. Als sie Silvester 1962 zum letzten Mal dort auftraten, hatten sie sich mit ihren Plattenaufnahmen »Love me do« und »Please please me« – international schon einen unverwechselbaren Namen gemacht. Sie wurden in England als Liverpooler Gewächse gefeiert und konnten Hamburg als Erinnerung an Zeiten, in denen sie »Eight Days a Week« auf der Bühne strampeln mussten, endgültig vergessen.

Statt »Starclub« riesige Stadien, statt Kiez die besten Adressen der Welt als Bühne: Beatlemania. »Berühmter als Jesus«, sagte John Lennon in unnachahmlicher Selbsteinschätzung über den Ruhm, der die Jungs aus dem »Indira« unsterblich gemacht hat.

Nadelöhr zwischen Ost und West: Die Brücke der Spione.

Berlin, 10. Februar 1962, Glienicker Brücke

Ein kühler grauer Februarmorgen. Bei Temperaturen um den Gefrierpunkt warten am Checkpoint Charlie Journalisten aus aller Welt auf den großen Coup. Sie wollen Augenzeugen sein, wenn an der Nahtstelle zwischen Ost und West, am Eisernen Vorhang, die Supermächte zwei ihrer wichtigsten Spione austauschen. Trotz größter Geheimhaltung war durchgesickert, dass sich Amerikaner und Sowjets nach jahrelangem Zerren auf einen spektakulären Deal verständigt hatten.

Und wo sonst in Berlin als an diesem Checkpoint zwischen US- und Sowjetsektor wäre dieser Deal möglich gewesen? Knapp ein halbes Jahr nach dem Bau der Mauer im August 1961, der endgültigen Trennung Berlins, war der Checkpoint vermeintlich das einzige Schlupfloch, an dem der Tausch vollzogen werden könnte.

Der Tausch sollte stattfinden zwischen dem amerikanischen Piloten Garry Powers auf der einen Seite, der 1958 bei Erkundungsflügen über der Sowjetunion entdeckt, abgeschossen und nur dank seines Fallschirms mit dem Leben davon gekommen war, von den Sowjets wegen Spionage zu zehn Jahren Haft verurteilt. Und auf der anderen Seite: der sowjetische Top-Agent Rudolf Abel, der sich in den fünfziger Jahren in den USA als Kunstmaler eine Scheinidentität geschaffen hatte, um für Moskau ein Agentennetz in den Staaten aufzubauen. Ein in Leipzig geborener Experte, der sich dem sowjetischen Geheimdienst schon im Zweiten Weltkrieg als Mitarbeiter angedient hatte.

Jahrelang hatten die beiden Staaten um die Auslieferung gerungen. Vor allem US-Anwalt James B. Donovan versuchte nach anfänglichem Zögern unermüdlich, den Deal zustande zu bringen. Bewegung aber gab es erst, als die DDR als Vermittler eingeschaltet und der noch unbekannte Rechtsanwalt, Wolfgang Vogel, mit der Abwicklung betraut wurde.

Am 10. Februar 1962 sollte es so weit sein. Eine spektakuläre, im Kalten Krieg bis dahin einmalige Aktion. Sie wurde zusätzlich erschwert, weil die Amerikaner neben dem Deal mit den Sowjets von der DDR verlangten, gleichzeitig einen jungen Landsmann freizulassen, der in der DDR als Student der Freien Universität West-Berlins mit Recherchen über das Wirtschaftssystem im Osten missliebig und festgesetzt worden war. Während die Ost-Berliner Kommunisten auf den Austausch der großen Fische nur mittelbaren Einfluss hatten, demonstrierten sie ihre Macht an dem kleinen, dem Studenten Millard Pryor, verzögerten dessen Freilassung und ließen die Großmächte beim großen Tausch zappeln.

Deren Unterhändler warteten am Rand der Stadt – auf einer Brücke zwischen Berlin und Potsdam – auf den Vollzug der Auslieferung des Studenten am Checkpoint Charlie.

Die Brücke, Grenze zwischen Berlin und Brandenburg, wurde im Krieg zerstört, schon bald danach wieder aufgebaut und ihre Eröffnung als »Brücke der Einheit« 1949 von der Sowjetzone gefeiert. Doch statt zum Symbol der Einheit wurde sie bald zu einem Synonym der Trennung. Seit 1952 war sie für Autofahrer gesperrt. Mitten auf dem stählernen Bauwerk belegte ein weißer Strich, dass hier die westliche Welt endete und die Herrschaft des Warschauer Pakts begann. Die »Brücke der Einheit« wurde mangels Einheit wieder schlicht »Glienicker Brücke« genannt. Ein nahezu funktionsloses Bauwerk, das eher Verbindungen kappte, als überbrückte.

Bis zu jenem 10. Februar 1962. Als gegen 8.50 Uhr endlich der DDR-Rechtsanwalt Vogel auftauchte und die Freilassung des Studenten in Berlin Mitte bestätigte, war es so weit. Die beiden Agenten tauschten die Seiten, überquerten den weißen Strich und begründeten den Ruf der Brücke über die Havel als »Bridge of Spies«. Es war Vogels erster Auftritt bei einem Agentenaustausch.

Während der Tausch und vor allem die Befreiung des US-Piloten aus sowjetischer Haft den USA als Propagandaerfolg so wichtig war, dass Präsident John F. Kennedy ihn persönlich verkündete, hätten alle Beteiligten den Ort der Handlung nicht preisgeben wollen. Dass das nicht zu verhindern war, lag an dem Spürsinn einer jungen Journalistin der Nachrichtenagentur Reuters, die ahnte, dass sich der entlegene Ort im Südwesten Berlins für eine Geheimmission eher eignen würde als die belebte

Schnittstelle inmitten der geteilten Stadt. Als sie an der Brücke ankam, war die Aktion längst beendet, aber West-Berliner Polizisten gaben ihr ebenso bereitwillig wie unerlaubt Auskunft über den Ablauf der Aktion.

War es 1962 Zufall, dass die Glienicker Brücke als »Bridge of Spies« enttarnt werden konnte, so wurden spätere Agententausch-Operationen in den achtziger Jahren dort unter starker Medienbeobachtung initiiert. 1985, der zweite Austausch auf der Brücke, war nahezu eine Massenbewegung. 23 Menschen, die in der DDR in Haft saßen, wurden gegen vier Ostspione freigelassen. Chefunterhändler: wieder DDR-Rechtsanwalt Vogel, der für solche Operationen längst unverzichtbar geworden war. Der letzte Deal an der Brücke fand 1986 statt. Gerade hatte in der Sowjetunion Michail Gorbatschows Perestroika begonnen, als sich unter den Freigelassenen auch ein lange in der UdSSR festgesetzter Bürgerrechtler befand.

Der Mythos der Brücke aber lebte von diesem kalten Februar-Morgen 1962 an. Er wurde 2015 in einer Verfilmung Steven Spielbergs mit Tom Hanks als Darsteller des US-Rechtanwalts und Unterhändlers James B. Donovan zu einem viel beachteten und unvergesslichen Kinoereignis. Als der Hollywood-Regisseur am Originalschauplatz drehte, kam die Bundeskanzlerin aus dem Osten, Angela Merkel, als Zaungast.

Spielberg, offensichtlich angesteckt vom Geheimhaltungswahn der Agentenwelt, gab seinem Dreh den unverfänglichen Arbeitstitel »St. James Place«. Als der Streifen in die Kinos kam, war sein Geheimnis gelüftet.

Am *Spiegel* verhoben: Bundeskanzler Adenauer bei der Entlassung seines Verteidigungsministers Strauß.

Köln-Wahn, 19. Dezember 1962, Militärflugplatz

Den »Alten« fröstelte. Mit pelzgefüttertem Mantel stand er im Wintergrau auf dem Flugfeld des militärischen Teils des Kölner Flughafens Wahn. Neben ihm der Mann, der die Regierung in eine tiefe Krise getrieben hatte und jetzt mit militärischen Ehren und Großem Zapfenstreich als Verteidigungsminister verabschiedet wurde.

Nicht nur die kühlen Temperaturen setzten dem Kanzler Konrad Adenauer zu. Er hatte in den letzten Wochen in den politischen Abgrund geschaut. Was für ein Glück für ihn, dass sich der geballte Zorn der Opposition, des Koalitionspartners FDP und der Medien in der »*Spiegel*-Affäre« gegen Franz Josef Strauß gerichtet hatte und er sich hinter ihm wegducken konnte. Er wusste, dass der Bayer durch Lügen und Ungeschicklichkeiten die Pfeile auf sich gezogen hatte und so die Verstrickungen des Kanzleramts in die Verhaftung von *Spiegel*-Chef Rudolf Augstein wegen angeblichen Landesverrats in den Hintergrund gerieten.

Am späten Freitagabend des 26. Oktobers 1962 stürmten eine Sicherheitsgruppe des Bundeskriminalamts und 20 Hamburger Polizisten die *Spiegel*-Redaktion und legten Haftbefehle gegen Herausgeber Augstein, den stellvertretenden Chefredakteur Conny Ahlers sowie einen Durchsuchungsbefehl für die Redaktionsräume vor. Anlass war ein *Spiegel*-Artikel vom 8. Oktober, in dem der sicherheitspolitische Experte Ahlers unter dem Titel »Bedingt abwehrbereit« über eklatante Schwächen der Bundeswehr bei der NATO-Übung »Fallex 62« berichtet hatte.

Neben vielen Ausrüstungsdesastern, die sich bei dem Manöver zeigten, stieß den NATO-Partnern besonders sauer auf, dass sich der deutsche Verteidigungsminister im Gegensatz beispielsweise zu seinem US-Kollegen McNamarra nicht sehen ließ, sondern an der französischen Riviera urlaubte. Eine Geschichte, mit der der *Spiegel* den verhassten Minister einmal mehr vorführte. Eine Geschichte aber auch, die der intime Kenner der Bundeswehr Ahlers sauber recherchiert und zur Sicherheit dem Hamburger Innensenator und Wehrexperten Helmut Schmidt zu Durchsicht vorgelegt hatte. Das Nachrichtenmagazin konnte beweisen, dass die allermeisten Details des desaströsen Bundeswehrzustands nicht zuerst im *Spiegel*, sondern schon an anderen Stellen beschrieben worden waren – und der Vorwurf des Landesverrats kaum stimmen konnte. Umgekehrt war dies eine Geschichte, mit der Adenauer und Strauß dem ihnen ebenfalls verhassten *Spiegel* endgültig den Garaus machen wollten.

Die Durchsuchung der *Spiegel*-Redaktion in Hamburg, die Beschlagnahmung von Recherchematerial und Verhaftung Augsteins wurden als Skandal empfunden, als unzulässiger Eingriff in die Pressefreiheit. Auch die konservative Presse geißelte die Aktion als schlimmen Rückfall in den Obrigkeitsstaat. Franz Josef Strauß setzte noch einen drauf und veranlasste die Verhaftung von Conny Ahlers, der mit seiner Frau Hedwig im Hotel »Los Nidos« in Torremolinos Urlaub machte. Noch bevor das Hilfeersuchen des Bundeskriminalamts bei der spanischen Polizei angekommen war, hatte Strauß Oberst Karl Oster, Militärattaché in Madrid, angewiesen, die Verhaftung durch die spanischen Behörden voranzutreiben. Lange stritt der Verteidigungsminister dieses persönliche Eingreifen ab. Drei Tage dauerte es in einer intensiven Regierungsbefragung des Bundestages im Dezember 1962, bevor Strauß in der tumultartigen Debatte endlich einräumte, den Militärattaché instruiert zu haben.

Da aber war es längst zu spät, aus dem politischen Schlamassel noch herauszukommen. Für Strauß ohnehin, aber auch für die gesamte Regierung. Während Adenauer die Aktion rechtfertigte, es habe sich bei dem *Spiegel*-Artikel um einen »Abgrund an Landesverrat« gehandelt, erklärte Innenminister Höcherl: »Regierungen müssen manchmal auch außerhalb der Legalität handeln.« Eine neue Welle der öffentlichen Entrüstung brandete hoch. Noch bedrohlicher für Adenauer war, dass die FDP ihre Minister aus dem Kabinett zurückzog und sich weigerte, weiterhin einen Verteidigungsminister Strauß zu ertragen.

Der gab das Amt auf, zog sich nach Bayern zurück und wird es als Zynismus empfunden haben, als ihn der Kanzler beim Großen Zapfenstreich an jenem 19. Dezember mit Lob überhäufte, um ihm dann den Rat mitzugeben: »Bittere Stunden formen den Mann.«

Noch bis zum Februar 1963, insgesamt 103 Tage, saß Rudolf Augstein in Haft. Juristisch entschied der Bundesgerichtshof 1965, der Vorwurf des Landesverrats gegen das Magazin sei nicht aufrechtzuhalten. Doch Politisch hatte die Affäre Konrad Adenauer so sehr geschwächt, dass sie zum Anfang vom Ende seiner Kanzlerschaft im Oktober 1963 wurde.

Klopfgeräusche eines Wunders:
Die Rettung der Kumpel beim Grubenunglück in Lengede.

Lengede, 3. November 1963, Grube Mathilde

Die Trauerfeier ist geplant. Die Totenglocken haben geläutet. Die Todesanzeigen sind gedruckt. Lengede will in der Turnhalle Abschied nehmen von den Opfern, die in der Grube Mathilde ums Leben gekommen sind. Ein Klärschlammteich war am Abend des 24. Oktober 1963 gebrochen. 500 Millionen Liter Schlamm und Wasser fluteten das Erzbergwerk und schlossen 129 Kumpel ein.

79 von ihnen können in der ersten Nacht gerettet werden. Tollkühn wagen sich am nächsten Tag einige Kumpel ohne Genehmigung der Bergwerksleitung in den Schacht und befreien weitere sieben Eingeschlossene.

Die Hoffnung, noch mehr Überlebende zu finden, ist gering. Aber aufgeben wollen sie in Lengede nicht. Mit tiefen Bohrungen suchen sie nach Lebenszeichen. Vergeblich. Stunden, Tage vergehen. Mehr als 1.000 Rettungskräfte sind im Einsatz. Dann, am Sonntag, gegen 17.30 Uhr, Klopfgeräusche aus der Tiefe, die über die Bohrgestänge oben zu hören sind. Drei Bergleute konnten in eine Lufttasche in 79 Meter Tiefe flüchten. Ihre Rettung ist kompliziert. Erst vier Tage später werden sie mit einer torpedoartigen Rettungskapsel, einer sogenannten Dahlbuschbombe, ans Tageslicht gebracht. Ein kleines Wunder, dass sie überlebt haben: erschöpft, aber unversehrt. Und genauso erstaunlich ist, dass die komplizierte Rettungsaktion gelingen konnte.

Mit diesem ersten kleinen Wunder wollen sich die Kumpel in Lengede nicht zufrieden geben. Während an den Zechentoren schon die Namen von 39 für tot erklärte Kumpel aushängen, die professionellen Retter ihre Gerätschaften einpacken und die Medien abziehen, überreden sie die Zechenleitung, weiter zu suchen. Sie haben die Hoffnung, dass noch Überlebende in einer abgebauten Erzstrecke, dem »Alten Mann«, Zuflucht gefunden haben. Eine fixe Idee, wie sich die Bergwerksleitung sicher ist. Aber, da das »Gerede« da ist, will sie sich nicht verschließen, fürchtet den

Zorn der Kumpel, lässt samstags weiter bohren. Und sonntags, 227 Stunden nach der Katastrophe, erneut Klopfgeräusche, als die Bohrer auf einen Hohlraum in 56 Meter Tiefe stoßen. Elf Bergleute haben in der Höhle ohne Wasser, ohne Nahrung, ohne Licht überlebt.

Das hält jetzt die Nation in Atem. Journalisten aus aller Welt wollen dabei sein. Die Fernsehsender berichten live über die Rettungsaktion der nächsten Tage. *Bild* ist mit einer Armada von Journalisten am Unglücksort, hat eine eigene Redaktion in einer Kneipe eingerichtet. Die Rettung als Medienereignis, wie es die Republik noch nie gesehen hat.

Bundeskanzler Ludwig Erhard macht sich vor Ort ein Bild von den Arbeiten der Retter, die die Eingeschlossenen durch ein schmales Rohr mit Nahrungsmitteln und Kleidung versorgen. Es dauert Tage, bis eine Bohrung gewagt werden kann, in der die Kumpel mit einer Dahlbuschbombe ans Tageslicht geholt werden können. Schweres Spezialgerät muss aus dem Ruhrgebiet angekarrt werden. Die Gefahr, dass der Hohlraum, in dem die Kumpel Unterschlupf haben, durch die Bohrung verschüttet wird, ist groß. Das Bangen dauert bis zum 7. November, bevor um 13.22 Uhr der erste der elf Bergleute aus seiner Hölle befreit wird. Als die Bergung um 14.25 Uhr abgeschlossen ist, hat die Nation ihr Wunder. Nicht irgendeines: »Das Wunder von Lengede«.

Es hat größere Katastrophen im deutschen Bergbau gegeben. Mehr Opfer, mehr Tote. Die verheerendste kam 1946 nach einer Kohlestaubexplosion auf Zeche Monopol in Bergkamen: 405 Kumpel verloren damals ihr Leben. Aber keine dieser Katastrophen haftet bundesweit so im Gedächtnis wie die von Lengede. »Die Geschichte«, schreibt die *Süddeutsche Zeitung* 50 Jahre später, »wird zum Mythos, auch weil sie in diese an deutschen Heldengeschichten so arme Zeit so gut passt: Kameradschaft, Präzision, Fortune, daraus speist sich die Geschichte.«

Und daraus, dass der Bergbau, insbesondere der Steinkohlebergbau im Ruhrgebiet in den fünfziger und sechziger Jahren selbst ein Mythos war. Wahrzeichen und Motor des Wirtschaftswunders.

Große Koalition in der Sommerfrische:
Das Kabinett Kiesinger im Garten des Palais Schaumburg.

Kressbronn, 29. August 1967, nördliches Bodenseeufer

Die Vorbereitung des Krisengesprächs war fürsorglich und völlig unpolitisch. Badehosen mussten her. Bundeskanzler Kurt Georg Kiesinger ließ sie für seine Gäste kaufen – für seinen Vizekanzler Willy Brandt und Herbert Wehner, den gesamtdeutschen Minister. Die beiden Sozialdemokraten hatte der Regierungschef der ersten Großen Koalition am 29. August 1967 zu einem vertraulichen Gespräch in seinen Urlaubsort Kressbronn am nördlichen Bodenseeufer gebeten. Als sie dort an Bord eines Bundeswehrhubschraubers landeten, wollte er sie noch vor den Diskussionen über einen hitzig gewordenen Koalitionsstreit zu einer Erfrischung in seinem geliebten See einladen.

Schon ein knappes Jahr nach der Gründung der Koalition aus Christ- und Sozialdemokraten hing der Haussegen schief. Streit um die Finanzpolitik belastete das Klima. Vor allem aber Differenzen um die von Außenminister Willy Brandt betriebene Ostpolitik hatten Kiesinger alarmiert. Auch Herbert Wehners Deutschlandpolitik fand er diskussionsbedürftig, da sie in der CDU zunehmend auf Widerstand stieß.

Zu Wehner hatte der schwäbische Kanzler allerdings einen besseren Zugang als zu Brandt, war es doch dieser knorrige Pfeifenraucher und als unverbesserlicher Kommunist verunglimpfte SPD-Mann, der maßgeblich den Weg für Kiesingers Kanzlerschaft in der Großen Koalition geebnet hatte. Schon als sich Kiesinger enttäuscht aus der Bundespolitik als Ministerpräsident nach Stuttgart zurück gezogen hatte, weil Konrad Adenauer ihn 1957 nicht zum Kabinettsmitglied machte, hatte ihm Wehner Girlanden gewunden und seinen Rückzug aus Bonn als Verlust für die bundesdeutsche Außenpolitik gewertet.

In ihm sah Kiesinger den verlässlichsten sozialdemokratischen Gesprächspartner der Koalition. Allerdings waren dem neuen Kanzler nach den ersten Monaten des

Regierens Zweifel gekommen, ob das Bonner Kabinett noch die richtige Runde sei, um die Differenzen geräuschlos und ergebnisorientiert auszuräumen.

Ein Koalitionsausschuss, wie ihn Vorgänger Ludwig Erhard mit dem Partner FDP eingerichtet hatte, gab es in diesem Bündnis nicht, war aber nach Meinung von Kiesinger unbedingt notwendig.

Ursprünglich wollte er sich in Kressbronn nur mit Herbert Wehner und CDU-Generalsekretär Bruno Heck treffen, um die Schwierigkeiten des Bündnisses zu bereden. Dann aber bat er auch seinen Vizekanzler hinzu. Er wollte abklären, ob dessen Ziele in der Ostpolitik noch mit den Vorgaben übereinstimmten, die er, Kiesinger, ein Jahr zuvor in seiner Regierungserklärung formuliert hatte.

Der sonnige Sonntagabend am Bodensee wurde zur Geburtsstunde des »Kressbronner Kreises«. Nach den Arbeitsgesprächen in Kiesingers Urlaubsdomizil im »Haus am Egg« klang die Runde bei schwäbischem Essen und Silvaner im Restaurant »Zur Kapelle« aus. Eine Runde, die bis in die Gegenwart für die Zusammenarbeit der beiden Volksparteien steht. Kressbronn, der kleine Ort in der Nähe von Friedrichshafen, an dem der Kanzler mit Familie bei einem Parteifreund Urlaub machte, wurde in der Wahrnehmung der Zeitgenossen zum »politischen Wallfahrtsort«. Kiesinger empfing dort auch Finanzminister Franz Josef Strauß und die Fraktionsvorsitzenden der Großen Koalition, Rainer Barzel und Helmut Schmidt.

Obwohl der Kreis, dem in seiner effizientesten Zeit die wichtigsten Ressortchefs, die Bundesgeschäftsführer der Koalitionsparteien, die Fraktionschefs und deren Geschäftsführer angehörten, nur zweimal in Kressbronn tagte, behielt er den Namen bei, als er sich im November 1967 erstmals in Bonn und von da an bis zum Ende des Bündnisses regelmäßig dienstags in der Bundeshauptstadt traf, um Kabinettssitzungen vorzubereiten und Probleme aus dem Weg zu räumen. Die anfangs lockere Gesprächsrunde wurde bald ritualisiert, straff geführt von Karl Carstens, der ab 1968 Chef in Kiesingers Kanzleramt war.

Der Kressbronner Kreis hat immer noch einen guten Klang, obwohl er schnell an Strahlkraft verlor. Vor allem Rainer Barzel und Helmut Schmidt, die sich für die wahren Garanten der Koalition hielten, empörte es, dass der Kreis immer größer, dass zu viel geredet und zu wenig entschieden wurde. Schmidt drohte sogar, nicht mehr an der Runde teilzunehmen. Willy Brandt hatte dafür vermutlich großes Verständnis, denn zwischen ihm und dem ehemaligen Nationalsozialisten Kiesinger gab es nie eine Nähe. Brandt war die politische Vergangenheit des Kanzlers zuwider. Und auch sein Hang, sich als eloquenter »Häuptling Silberzunge« zu inszenieren.

Das gemeinsame Bad in Kressbronn konnte nicht verhindern, dass Brandt die Zusammenarbeit mit der Union als Episode betrachtete und längst die Fäden zu Walter Scheel gespannt hatte, als Kiesinger noch glaubte, mit seinem Vertrauten Wehner 1969 die Große Koalition fortsetzen zu können.

Der Name Kressbronn blieb ein Synonym für das Zusammengehen der beiden Volksparteien. Als sich gegen Ende der Regierung Kohl 1997 der CDU-Fraktionsvorsitzende Wolfgang Schäuble, SPD-Fraktionschef Rudolf Scharping und der CSU-Vorsitzende Theo Waigel zu einem Austausch zusammenrauften, ahnte die *Zeit* schon ein Wiederaufleben des Kressbronner Kreises. Eine Chimäre. Und wenn es in den drei Großen Koalitionen des jungen 21. Jahrhunderts hakte, schwärmten nicht nur Journalisten von jenen Zeiten, als mit Badehose und Silvaner Koalitionskrisen der damals noch stolzen Volksparteien gelöst wurden...

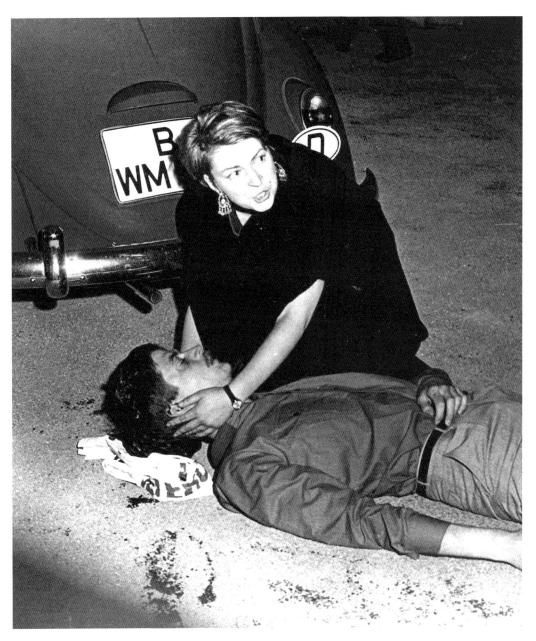

Eine Tat, die die Jugend in Aufruhr brachte:
Friederike Hausmann über dem sterbenden Benno Ohnesorg.

Berlin, 2. Juni 1967, Krumme Straße

Sein Name steht noch immer für Wut und Zorn. Für brutale Staatsgewalt. Sein Name steht für den Aufstand einer Generation, für Widerstand. Benno Ohnesorg: ein wehrloses Opfer. Wehrlos gegenüber dem tödlichen Kopfschuss des Polizisten Karl-Heinz Kurras. Wehrlos aber auch dagegen, dass sein Tod missbraucht wurde, um mit Waffengewalt gegen das »präfaschistische System der BRD« zu kämpfen.

Der 2. Juni 1967: Berlin in Aufruhr. Mit viel Pomp empfängt die Stadt das persische Herrscherpaar. Schah Mohammad Reza Pahlavi und seine Frau Farah Diba werden hofiert. Ein Paar nicht nur für die Yellow-Press, sondern auch ein ganz besonderer Besucher für die Bundesrepublik. Der Schah soll bei seinem mehrtägigen Besuch auf den Westen eingeschworen und davon abgehalten werden, offizielle Kontakte zur DDR aufzunehmen. Für die Studenten ist er ein rotes Tuch, eine Marionette Amerikas, ein Tyrann, der sein Volk unterdrückt. Das ist der Tenor am Abend vor dem Besuch, als der iranische Regimekritiker Bahman Nirumand die Situation seiner Heimat im Audimax der Freien Universität vor 4.000 Studenten in düsteren Farben malt.

Einer der Zuhörer: Benno Ohnesorg, ein 26-jähriger Germanistikstudent, der sich in der evangelischen Studentengemeinde für die Unterstützung der »Dritten Welt« engagierte. Vielleicht gab für ihn – bisher hatte er sich an Demos nie beteiligt – die aufgeheizte Debatte über die Zustände im Iran den letzten Impuls, mit Tausenden am nächsten Tag gegen den Schah zu demonstrieren. Vor der Deutschen Oper, die für die persischen Gäste Mozarts »Zauberflöte« gab. Dort tobte am Abend ein Straßenkampf – zwischen Polizisten, die die Schah-Gegner mit aller Macht und Gewalt vom Opernvorplatz abdrängen wollen, und Demonstranten, die sich zu Wehr setzen.

Die Situation eskaliert, als die Polizei prügelnd die Menge auseinander treibt. Benno Ohnesorg sieht, wie Zivilbeamte einen Mann in einen Innenhof in der »Krummen Straße« zerren, will sehen, was dort passiert, wird eingekesselt, geprügelt. Um 20.30 Uhr fällt ein Schuss: Aus nächster Nähe hat der Polizist Karl-Heinz Kurras auf ihn geschossen. Ohnesorg fällt, liegt auf dem Boden, eine Blutlache unter dem Kopf, nicht ansprechbar. Bis ein Krankenwagen kommt, vergehen wertvolle Minuten. Als der nach einer Irrfahrt durch die Stadt endlich gegen 22 Uhr das Krankenhaus Moabit erreicht, ist Benno Ohnesorg tot. Auf seinem Totenschein kein Wort von einer Schussverletzung. Der Verdacht von Vertuschung liegt nahe.

Sein Tod ist bis heute ungesühnt. In zwei Gerichtsverfahren wurde Karl-Heinz Kurras freigesprochen. 2009 werden Stasiunterlagen aufgedeckt, die Kurras als verdeckten Ermittler der DDR-Staatssicherheit in West-Berlin ausweisen.

Eine bittere Ironie, dass ausgerechnet ein überzeugter SED-Mann mit seinem tödlichen Schuss das Aufbegehren der Außerparlamentarischen Opposition (APO) gegen den westdeutschen Staat auslöste. Überall in der Bundesrepublik kam es in den nächsten Wochen zu Massendemonstrationen mit 100.000 Teilnehmern gegen den vermeintlichen Polizeistaat.

Dieser Abend des 2. Juni wurde für viele zum Schlüsselerlebnis. Die Bewegung spaltete sich bald. Die einen folgten Rudi Dutschke, der »zum Marsch durch die Institutionen« aufrief – und am 11. April 1968 durch drei Schüsse des Hilfsarbeiters Josef Bachmann mit dem Ruf »dreckige Kommunistensau« lebensgefährlich verletzt wurde. Ein kleinerer Teil ging den Weg in die Gewalt mit der »Bewegung 2. Juni« oder der RAF.

Benno Ohnesorgs Tod hat die Republik verändert. »Erstmals in der deutschen Geschichte ist die große Mehrheit der akademischen Jugend antiautoritär, aufmüpfig und: links! Schon dies ist ein Erfolg der Studentenbewegung«, urteilte Knut Nevermann, 1967 AStA-Vorsitzender an der Freien Universität, in einem Beitrag für den *Tagesspiegel* zum 50. Todestag Ohnesorgs. Die politische Kultur der Bundesrepublik sei nach 1968 eine andere geworden: »demokratischer, pluraler, politischer, linker«. Dass sich eine Minderheit radikalisierte, in der Terrorszene untertauchte, diese Gefahr sah als einer der ersten der Philosoph Jürgen Habermas. Vor 7.000 Studenten, die am 9. Juni zur Trauerfeier für Benno Ohnesorg in dessen Heimatstadt Hannover kamen, warnte er vor einer weiteren »Provokationsstrategie« als »Spiel mit dem Terror mit faschistischen Implikationen«.

Während Ohnesorg für viele ein säkularer Märtyrer der Moderne ist, hat die Politik nie einen Umgang mit ihm und seiner Erschießung gefunden. Mehr als 50 Jahre nach seinem Tod gibt es keine offizielle Entschuldigung des Berliner Senats. Und auch keine Opferentschädigung für die Familie. Als Ohnesorg von Kurras erschossen wurde, war seine Frau Christa schwanger, sie brachte im November 1967 den gemeinsamen Sohn Lukas zur Welt. Und der Theologe Helmut Gollwitzer übernahm die Patenschaft.

Immer noch wünschen sich viele Berliner vergebens, dass ein Platz in der Nähe des Tatorts an der Deutschen Oper nach Benno Ohnesorg benannt wird. Auch Wolfgang Wieland, als junger Mensch bei den Demos am 2. Juni dabei, Bundestagsabgeordneter der Grünen bis 2013 und von 2001 bis 2002 Justizsenator für Justiz in Berlin, ist dies ein Herzensanliegen. Er hofft mit anderen Initiatoren, dass ein seit Jahren gefasster Beschluss der Charlottenburger Bezirksregierung endlich Wirklichkeit wird: ein Erinnerungsort für den wehrlos erschossenen Benno Ohnesorg.

Aufstand gegen die Gesetze des Notstands: Heinrich Böll auf der Hofgartenwiese in Bonn.

Bonn, 11. Mai 1968, Hofgartenwiese

Die Ängste wurden per Hauswurfsendung geschürt. Türen und Fenster verschließen, Autos nicht in der Innenstadt parken und auf keinen Fall mit der drohenden Horde von linken Chaoten diskutieren – so hatte die Junge Union die Bonner Bürger auf den Sternmarsch von Studenten, einigen Gewerkschaftern und sonstigen Gegnern der Notstandsgesetze eingestimmt. »Haltet die Türen geschlossen, wenn die Demonstranten zu Diskussionen in Ihre Wohnungen eindringen wollen«, warnte die CDU-Nachwuchsorganisation die Bewohner der Bundeshauptstadt, die von den Studentenunruhen bis dahin kaum betroffen war. Während in vielen Universitätsstädten die Aktionen der Außerparlamentarischen Opposition (APO) längst alltäglich waren, blieb es in Bonn ruhig. Die Demonstration auf der Hofgartenwiese am 11. Mai 1968 sollte der Höhepunkt der APO-Proteste gegen das Vorhaben der Großen Koalition werden, das Grundgesetz für Zeiten der Krisen und Notfälle zu verändern und die Handlungsfähigkeit des Staates in solchen Situationen sicherzustellen. Dieser Plan war seit Beginn der sechziger Jahre immer wieder gescheitert, weil sich im Parlament die notwendige Zweidrittelmehrheit nicht finden ließ. Erst die übergroße Mehrheit der Koalition aus CDU/CSU und SPD versprach Aussicht auf Erfolg. Zum Ärger und zur Befürchtung all derer, die eine unzulässige Vormachtstellung der Exekutive und das Ende der Demokratie nahen sahen.

Nach der Ermordung des Studenten Benno Ohnesorg am 2. Juni 1967 durch die Berliner Polizei und dem Anschlag auf den Studentenführer Rudi Dutschke herrschte bei linken gesellschaftlichen Gruppen die Angst, diese Delikte könnten nur ein Vorgeschmack auf die Allmacht des Staates gegen unliebsame Kritiker sein: die Notstandsgesetze als Rechtfertigung der Regierung »für eine fast totale Mobilmachung«, wie der Schriftsteller Heinrich Böll befürchtete.

Die Fronten waren verhärtet. Doch als die Gegner der Gesetze mit unzähligen Bussen und Bahnen zur bis dahin größten Demonstration (aus Berlin sogar mit einem Zug der DDR-Reichsbahn) eintrafen, war der Kampf schon verloren. Die SPD, über das Vorhaben tief zerstritten, hatte nach einer heftigen Debatte auf ihrem Parteitag in Nürnberg grünes Licht für die Gesetze gegeben. Nicht zuletzt Gustav Heinemann, der Justizminister der Großen Koalition und spätere erste sozialdemokratische Bundespräsident, warb dort für Zustimmung mit dem Satz: »Es geht um den Schutz der Freiheit auch und gerade im Notstand.«

Für Heinrich Böll, der zu den prominentesten Gegnern der Gesetze gehörte und den SPD-Vorsitzenden Willy Brandt immer wieder beschworen hatte, seine Partei dafür nicht herzugeben, war dies kein überzeugendes Argument. Trotz gesundheitlicher Probleme raffte er sich auf, bei der Demonstration in Bonn zu reden. Allerdings, die große Phalanx der Gegner war längst zerbrochen. Der DGB, zunächst wichtiger Teil der APO, hatte sich eher zurückgezogen. Nur noch Teile der Gewerkschaften waren dabei, als endlich am 11. Mai 60.000 Demonstranten auf die Bonner Hofgartenwiese vor der Universität zogen.

Die befürchteten Ausschreitungen blieben aus. Ein buntes Volk war in die Hauptstadt gekommen, aber kein gewalttätiges. Im Mairegen versandete der Protest. Abends bei einem Happening des Sozialistischen Deutschen Studentenbundes (SDS) in der überfüllten Beethovenhalle war die Luft zwar dick, aber eher von Erschöpfung als Krawall gezeichnet. Mit einem Marsch zur französischen Botschaft, den der Bonner Studentenführer Hannes Heer – in den achtziger Jahren als Organisator der Ausstellung über die Wehrmachtsverbrechen im Zweiten Weltkrieg bekannt geworden – initiierte, endete die erste Großdemo in der Hauptstadt. Im Ergebnis für die Gegner der Notstandsgesetze unbefriedigend, denn am 30. Mai 1968 passierte das Vorhaben den Bundestag.

Die Hofgartenwiese aber, nur wenige Kilometer nördlich vom Regierungsviertel gelegen, war zu einem Ort geworden, an dem die Bonner Republik meist friedliche Proteste gegen die Regierungspolitik organisierte. Nach der Außerparlamentarischen Opposition (APO) war es in den achtziger Jahren vor allem die Friedens- und Anti-Atomkraftbewegung, die Zehntausende zu Großdemos in der großzügigen Parkanlage im Zentrum Bonns mobilisierte. Am 10. Oktober 1981 folgten 150.000 Protestler dem Aufruf von Aktion Sühnezeichen, um gegen die atomare Wiederaufrüstung anzugehen. Wieder war Heinrich Böll, inzwischen Literaturnobelpreisträger, einer der Hauptredner. Wieder stand er mit seiner Position gegen die Aufrüstung im Widerspruch zur offiziellen sozialdemokratischen Politik. Bundeskanzler Helmut Schmidt hatte die Proteste verurteilt und dachte sogar daran, Parteimitglieder, die gemeinsame Sache mit der Friedensbewegung gemacht hatten, aus der Partei ausschließen zu lassen. Dezidiert rügte er Erhard Eppler, der ebenfalls als Redner aufgetreten war. Für FDP-Generalsekretär Günther Verheugen, Partner der SPD-Regierung, war klar: »Diese Demonstration zielt ins Herz der sozialliberalen Koalition.«

Zwei Jahre später, am 22. Oktober 1983, kamen mehr als 500.000 Menschen auf die Hofgartenwiese und demonstrierten mit Menschenketten in der ganzen Stadt für Frieden. Die größte Demonstration, die die alte Bundeshauptstadt je gesehen hat. So beeindruckend, dass Bundeskanzler Helmut Kohl beim Blick aus dem Hubschrauber auf die Menschenmengen Zweifel gekommen sein sollen, ob sich seine Position, am NATO-Nachrüstungsbeschluss festzuhalten, wirklich durchhalten lasse. In der Sache richtete sich die Demo gegen die gleiche Nachrüstungspolitik, und doch hatte sich vieles geändert. Die Sozialdemokratie – in Sachen Nachrüstung schon lange gespalten – war Teil der Friedensbewegung geworden. Und der SPD-Vorsitzende und Friedensnobelpreisträger Willy Brandt war einer der Hauptredner der Kundgebung – jetzt gemeinsam mit Heinrich Böll.

Zwei Herren im kanarischen Wind: Walter Scheel und Willy Brandt auf Fuerteventura nach ihrem grandiosen Wahlsieg 1972.

Fuerteventura, Dezember 1972, Hotel Jandia Playa

Das Hotel ist für den deutschen Außenminister Walter Scheel nicht standesgemäß. »Ein Abgrund miesester Neckermann-Welt«, räsoniert er vor Journalisten über die Absteige, in die ihn Bundeskanzler Willy Brandt am 8. Januar 1973 zu einem Kurzurlaub eingeladen hat. Dem Lebemann Scheel, der gern in Malaga urlaubt und ein nicht unbescheidenes Feriendomizil im österreichischen Hinterthal besitzt, ist dieser kleine Hotelturm am Ende der Welt im nicht erschlossenen Süden der Kanareninsel Fuerteventura suspekt. Strom nur aus dem Aggregat, Wasser mit Lastwagen angekarrt. Touristisches Neuland, das gerade erst zwischen weißem Strand, Dünen und wüstengleichen Bergen entdeckt worden ist. Neben dem ärmlichen Fischerdörfchen Morro de Jable, dem kleinen Hotel »Casa Atlantica« und dem von Willy Brandt gewählten »Hotel Jandia Playa« gibt es in dieser Einöde: nichts.

Der Kanzler hat sich mit Familie hierhin zu einem Erholungsurlaub über Weihnachten und Neujahr zurückgezogen. Anstrengende, triumphale und beklemmende Wochen liegen hinter ihm. Im November hat er die Bundestagswahl mit einem rauschenden Sieg gewonnen, die SPD erstmals zur stärksten Partei in der bundesrepublikanischen Geschichte gemacht. Dann Wochen der Angst. Wie ein Damoklesschwert schwebt der Verdacht einer Kehlkopferkrankung über ihm.

Der Eingriff in der Bonner Uniklinik verlief nicht ohne Komplikationen. Der durch den Wahlkampf ohnehin geschwächte Brandt hatte das Gefühl, dass sein Leben am seidenen Faden hing. Die Ärzte ordneten ein Sprechverbot und strikte Ruhe an. So bedrohlich war es um seine Gesundheit bestellt, dass der behandelnde Chirurg vorsorglich Bundespräsident Gustav Heinemann über den Zustand des Regierungschefs informierte. Die Koalitionsverhandlungen musste Brandt seinen Stellvertretern Herbert Wehner und Helmut Schmidt überlassen.

Wer ihm als Erholungsort zu der Einöde im Süden Fuerteventuras riet, ist nicht bekannt. Vielleicht gaben das atlantische Klima und die absolute Ruhe auf der Ferieninsel den Ausschlag. Doch so weit her war es mit der Ruhe dann doch nicht. Die Wissbegier von nachgereisten Journalisten muss befriedigt werden. Die einsamen Strandspaziergänge mit seinem Hund Bastian, einer Mischung aus »Dackel und Bernhardiner«, werden fotografiert, seine Ausritte auf Eseln und Kamelen ebenso. »Ein Sancho Pansa namens Willy Brandt«, betitelt der *Stern* eine legendäre Fotoreportage des Bildjournalisten Robert Lebeck.

Als am 8. Januar der FDP-Vorsitzende Scheel mit seiner Frau Mildred und Tochter Cornelia hinzustieß, war es mit den »Urlaubseseleien« (*Bunte*) vorbei. Die Regierungserklärung wurde vorbereitet, die Vorhaben für die zweite sozialliberale Legislaturperiode skizziert. Das alles in einer Stimmung, in der Scheel schon deutlich auf Distanz zu seinem Koalitionspartner Brandt gegangen war. So jedenfalls interpretiert Arnulf Baring, der Autor des Epochenwerks »Machtwechsel«, den kühlen Ton, mit dem der Liberale herzliche Briefe des Kanzlers erwiderte.

Vielleicht auch, weil Scheel, den die anstrengenden Jahre als Außenminister ebenfalls gesundheitlich gezeichnet hatten, längst den Abschied aus der aktiven Regierungsarbeit geplant hatte. Der langjährige Büroleiter und Brandt-Kenner Klaus-Henning Rosen jedenfalls behauptet, auf dem gemeinsamen Rückflug nach Deutschland am 12. Januar habe Scheel dem Kanzler eröffnet, dass er für das Amt des Bundespräsidenten kandidieren wolle, falls Heinemann keine zweite Amtszeit anstrebe. Eine Entscheidung, die Brandt getroffen haben muss. War es doch das Vertrauensverhältnis zu Scheel, das ihn gegen den Widerstand in den eigenen Reihen 1969 zur Regierungsbildung mit der FDP ermuntert hatte.

Baring hat eine andere Version: Scheel hat sich erst nach einem Krankenaufenthalt wenige Wochen später für die Villa Hammerschmidt entschieden.

Für den Kanzler und Vizekanzler und für ihre Familien waren die Tage auf Fuerteventura die letzten unbeschwerten Tage der Zusammenarbeit. Brandts Zustimmung zu der Präsidentschaftskandidatur Scheels bescherte ihm in der eigenen Partei viel Ärger, zumal er es bei der Kabinettsarchitektur beließ und den Liberalen weiterhin das wichtige Auswärtige Amt und das Innenministerium zugestand.

Ob der gemeinsame Kurzurlaub der beiden in der »Neckermann-Welt« wirklich bedeutend für die Zeitgeschichte der Bundesrepublik war, darf mit Fug und Recht bezweifelt werden. Für die Bewohner und Touristiker der bis dahin unbekannten Ferieninsel ist er ein wichtiges Schlüsselereignis. Der deutsche Kanzler war der erste prominente Gast im heute touristisch aufgemotzten Süden Fuerteventuras. 2017 wurde das überschwänglich gewürdigt. Die kleine Strandpromenade vor dem »Hotel Jandia Playa« – »La Senda del Mar« – haben die Insulaner offiziell nach »El amigo Aleman«, Willy Brandt, benannt. Fotos erinnern an die Besucher vom Jahreswechsel 1972/73, und eine Plastik des Kubaners Rafael Gómez stellt das berühmte Lebeck-Foto nach: Willy Brandt mit Leinenjackett und Spazierstock neben seinem Hund Bastian in den Dünen des traumhaften Strandes Jandia Playa.

Die »Absteige« aus der Frühzeit des Fuerteventura-Tourismus wurde später zur Urzelle der erfolgreichen »Robinson Clubs«. Inzwischen ist der markante Hotelturm abgerissen und im ähnlichen Stil neu aufgebaut. Mit Willy Brandt und Bastian an der Strandseite als Hingucker für deutsche Urlauber.

Rainer Barzel: Vom Geschäftssinn einiger Abgeordneter ausgebremst und Willy Brandt unterlegen.

Köln, 15. Juni 1973, Nachtbar Chez Nous

Gäbe es ein Ranking für die verlogenste Rede im Deutschen Bundestag – dieser Mann mit den silbrigen Locken, die ihm eine Aura des Seriösen verleihen, mit dem leicht schwäbischen Tonfall und der angenehmen Stimme hätte die Chance auf einen Spitzenplatz. Gerade hat ihm an diesem Morgen des 15. Juni 1973 die Sitzungspräsidentin Lieselotte Funke das Wort erteilt. Leo Wagner, Erster Parlamentarischer Geschäftsführer der CDU/CSU-Fraktion, ist der erste Redner und malt ein düsteres Gemälde der Republik. Wagner war ein CSU-Urgestein, zusammen mit Franz Josef Strauß Mitbegründer der christlich-sozialen Partei. Jetzt begründet er den Antrag seiner Fraktion, in einem Untersuchungsausschuss Licht in das Dunkel des gescheiterten Misstrauensvotums gegen Kanzler Willy Brandt am 27. April 1972 zu bringen. Wurden Abgeordnete aus Union und FDP bestochen, um für Brandt zu stimmen und den von Oppositionsführer Rainer Barzel schon sicher geglaubten Kanzlersturz zu verhindern? Und wer hat dafür gezahlt?

Wagner, den sie in der Fraktion wegen seines attraktiven Äußeren den »schönen Leo« nennen, fährt gleich schweres Geschütz auf: »Täglich neue Enthüllungen über die Einflussnahme auf Abstimmungen, die Bestechlichkeit von Abgeordneten und deren Umgang mit der Wahrheit belasten nicht nur das Ansehen der unmittelbar Betroffenen, sondern lassen in der Öffentlichkeit überhaupt Zweifel an der Integrität dieses Hohen Hauses zu«, fürchtet er unter Beifall der CDU/CSU-Fraktion und ahnt, dass das besonders negative Wirkungen auf die junge Generation hat, falls das Parlament nicht die »Kraft zur Selbstreinigung« aufbringt.

Und dazu will er, der so seriös wirkende Familienvater aus Günzburg (Jahrgang 1919), ein christlicher Politiker der ersten Stunde, beitragen. Er weiß, was er seiner Fraktion und den Christsozialen schuldig ist. Als Parlamentarischer Geschäftsführer ist er für die Abteilung Attacke zuständig, für die Attacke gegen eine Regierung, die in diesen Tagen schon nicht mehr so fest im Sattel sitzt, für Attacke gegen eine Regierung, mit deren Ostverträgen sich die Union nicht abfinden will. Immer Attacke – das ist ein harter Job. Und oft, immer öfter, braucht er abends Entspannung, eine Frischzellenkur, um sich zu erholen. Vielleicht hat er auch nach diesem harten Tag, an dem er um die Einsetzung eines Untersuchungsausschusses kämpft, um den Verrätern auf die Spur zu kommen, seinen Fahrer – wie zwei- bis dreimal in der Woche – gebeten, ihn aus dem prüden Bonn ins Kölner Nachtleben zu bringen. Bevorzugt in die Bar »Chez Nous«, ein Etablissement, in dem er bestens eingeführt ist, wo er Bekannte, vor allem Frauen trifft und sich den Spaß schon mal zwei, drei Tausender die Nacht kosten lässt. Viel Geld – auch für einen Volksvertreter in herausgehobener und gut bezahlter Position.

Um Geld, um viel Geld, um 50.000 Mark geht es Leo Wagner auch an diesem Morgen im Plenum. Weil sein Fraktionskollege Alois Steiner gestanden hat, dass der diese Summe erhielt, um bei dem Misstrauensvotum für Brandt zu stimmen, weiß Wagner, ja, ist sich sicher: »Wenn aber, meine Damen und Herren, dieser Abgeordnete korrupt war, dann gab es auch andere...«

Recht hatte er. Aber es dauerte Jahrzehnte, bis Licht in diese Affäre kam, bis klar war, wer von wem Geld bekommen hatte. Immer neue Verdächtige, immer neue Gerüchte. Der CDU-Abgeordnete Steiner hatte 50.000 Mark erhalten von der Stasi – und vermutlich noch einmal 50.000 von Wagners Gegenspieler, dem Parlamentarischen Geschäftsführer der SPD-Bundestagsfraktion, Karl Wienand, der sich später verantworten musste, als IM für die Stasi gearbeitet zu haben. Wie der »schöne Leo« selbst! Denn auch er wurde von dem DDR-Auslandsgeheimdienst von 1975 bis 1983 abgeschöpft und bezahlt. Schon in den neunziger Jahren gab es Vermutungen, dass er der zweite Unions-Abgeordnete war, der an jenem Schicksalstag Rainer Barzels 1972 gegen den CDU-Fraktionsvorsitzenden stimmte.

Mit Gerüchten und Vermutungen wollte sich ein Enkel Wagners, Benedikt Schwarzer, Student der Filmhochschule München, nicht zufrieden geben. Für seine Abschlussarbeit recherchierte er fünf Jahre lang intensiv an einer spannenden Dokumentation, die unter dem Titel »Die Geheimnisse des schönen Leo« Anfang 2019 in die Programmkinos kam. Ergebnis: Für das süße, aufwendige Leben im »Chez

Nous« – damals ein Hotspot im Nachtleben der Kölner Altstadt, heute längst Geschichte – kamen die 50.000 Mark der Stasi bei der Abstimmung über Brandts und Barzels Zukunft gerade Recht, um unfassbar hohe Schuldenberge zu mindern und die bürgerliche Kulisse aufrecht zu halten. Der Film enttarnt zudem pikante Familiengeheimnisse Wagners, der 2006 starb. Da wundert es nicht, dass CSU-Granden wie Theo Waigel zu Interviews mit dem Enkel nicht bereit waren...

Lieblings- und Schicksalsort von Willy Brandt:
Das ehemalige Tagungshaus der Friedrich-Ebert-Stiftung in Bad Münstereifel.

Bad Münstereifel, 4. Mai 1974, Kurt-Schumacher-Akademie

Wer im Internet nach der Bildungsstätte sucht, findet einen ernüchternden Eintrag. »Auf der Suche nach der Kurt-Schumacher-Akademie in Bad Münstereifel wurden Sie auf diese Website weitergeleitet. Die Akademie hat ihren Betrieb Ende 2014 eingestellt«.

Nach 42 Jahren das Ende einer Institution, in der vor allem in den siebziger Jahren über deutsche und internationale Politik entschieden wurde. Den Reiz des Eifelstädtchens als Rückzugsort vom politischen Alltag in Bonn hatte Willy Brandt 1969 für sich entdeckt. Mit Herbert Wehner, Egon Bahr und seinen Redenschreibern zog er sich nach der Bundestagswahl dort in das idyllisch gelegene Gut Giersberg zurück, um seine erste Regierungserklärung zu konzipieren: »Mehr Demokratie wagen.«

So ruhig wie erhofft, blieb es jedoch nicht. Studenten aus mehreren Universitätsstädten hatten spitz bekommen, wo der zukünftige Kanzler war. Hunderte reisten an, um vor dem Gut für eine neue Hochschulpolitik zu demonstrieren.

Das konnte Brandts Gefallen an dem Städtchen, eine knappe Autostunde von Bonn entfernt, als Ruhepol vor der Hektik des politischen Geschäfts nicht schmälern. Er animierte die SPD-nahe Friedrich-Ebert-Stiftung, dort eine eigene Bildungsstätte einzurichten. Zwei Jahre später war es so weit. Ein ehemaliges Hotel, nüchtern, mit dem Charme eines »preußischen Landratsamtes«, wie Brandt-Biograf Peter Merseburger beschrieb, aber mit einem schönen Blick auf die Fachwerkstadt und die umliegenden Eifelhöhen, wurde am 31. Juni 1971 als »Haus Münstereifel« der Stiftung eingeweiht. Willy Brandt kehrte als Kanzler oft hierher zurück, um wichtige Reden und Entscheidungen vorzubereiten.

Die Abgeschiedenheit kam ihm auch zupass, um portugiesische Sozialisten um Mario Suarez in die Eifel einzuladen. Bei einer Tagung im April 1973 wurde dort die

Portugiesische Sozialistische Partei gegründet und die Nelken-Revolution vorbereitet, die 1974 durch einen Militärputsch den Sturz der Diktatur brachte.

Aber der Ort, den er als Idylle schätzte, wurde Brandt am 4. Mai 1974 auch zum Schicksalsort, der seine Kanzlerschaft beendete. Seit langem kriselte die Beziehung zwischen Brandt und Fraktionschef Herbert Wehner. Spätestens nachdem Wehner im September 1973 vor Journalisten in Moskau gelästert hatte – »Der Herr badet gerne lau« –, war das Tischtuch zwischen den beiden Männern und alten Weggefährten zerschnitten. Brandt dachte daran, ihm den Fraktionsvorsitz zu entziehen und Helmut Schmidt an Wehners Stelle zu setzen.

Hinzu kamen wirtschaftliche Probleme der Republik. Die Gewerkschaften waren mit dem Kurs der Brandt-Regierung unzufrieden, wehrten sich gegen geplante Eingriffe in die Tarifautonomie und fragten sich, ob es überhaupt noch Sinn habe, auf die sozialliberale Koalition zu setzen. Vor allem dieses Thema sollte zwischen Gewerkschaftsführern und der SPD-Spitze am Wochenende des 4./5. Mai besprochen werden. Es geriet zum Nebenschauplatz.

Wenige Tage zuvor war DDR-Spion Günter Guillaume aufgeflogen und verhaftet worden. Brisant, dass ein DDR-Agent bis in die nächste Umgebung Brandts aufgestiegen war. Noch brisanter, dass durch ihn eine Liste mit Frauengeschichten des Kanzlers bekannt wurde. Verfassungsschutz-Präsident Günter Nollau befürchtete, der Regierungschef sei erpressbar. Dringend riet er Wehner, einen Tag vor dem Treffen in Münstereifel: Brandt muss zum Rücktritt aufgefordert werden.

Der Showdown folgte. Die dramatische Nacht von Münstereifel begann am Samstagabend gegen 19.30 Uhr mit einem Vieraugengespräch im engen, spartanischen Zimmer Brandts. In einer kleinen Sitzgruppe direkt vor dem Bett kamen die beiden Gegenspieler, die sich längst nicht mehr trauten, zusammen. Ein dreistündiges Gespräch, über dessen präzisen Inhalt viel spekuliert wurde. Ein Gespräch, über das – wie Merseburger 2002 schrieb – »verschiedene Versionen im Umlauf sind und über das Einigkeit nur insofern herrscht, als sein Verlauf für den Entschluß zum Rücktritt wohl den Ausschlag gegeben hat«.

Ein Gespräch, in dem Wehner dem Kanzler so sibyllinisch seine Unterstützung zusagte, dass Brandt es mehr als Kampfansage verstanden hat.

Unbestritten ist, dass sich der Fraktionsvorsitzende am nächsten Tag im größeren Kreis merklich zurückhielt, als Brandt seinen Rücktritt ankündigte. Andere Gesprächspartner wie SPD-Geschäftsführer Holger Börner oder Schatzmeister Alfred Nau protestierten heftig: »Willy, das sitzen wir auf einer Backe ab.« Helmut Schmidt geriet in Rage und versuchte Brandt umzustimmen: »Wegen einer solchen Lappalie tritt man nicht zurück!« Vergebens. »Gescheitert, gescheitert«, rief Brandt aus und verließ die von ihm einst so geliebte Idylle.

Kick der Systeme: Jürgen Sparwassers Tor zum 1:0 in der Begegnung BRD–DDR bei der Weltmeisterschaft.

Hamburg, 22. Juni 1974, Volksparkstadion

Der Mann mit der unvermeidlichen Schlägerkappe hat eine ganz persönliche Bitte. Als er die Mannschaft im Abschlusstraining auf das letzte Gruppenspiel der Fußball-WM am Abend des 22. Juni 1974 im Hamburger Volksparkstadion einstimmt, bekniet er seine Männer: »Spielt heute auch mal für mich!« Sportlich geht es nicht mehr um viel. Der Einzug in die nächste Runde ist geschafft. Doch bei dem Gegner geht es Helmut Schön um mehr. Und nicht nur ihm, dem Bundestrainer. Politisches Prestige steht auf dem Spiel, ein Kampf der Systeme, als die Auswahl der Bundesrepublik zum ersten Mal bei einer WM auf die DDR trifft.

Helmut Schön ist in Dresden geboren, in Dresden groß geworden, hat beim Dresdner SC seine ersten sportlichen Erfolge gefeiert, ist mit der Mannschaft 1943 und 1944 Deutscher Meister geworden. Nach dem Krieg und der beginnenden Teilung Deutschlands zog es ihn nach einem kurzen Intermezzo als Trainer der SBZ-Auswahlmannschaft 1949 in den Westen. Statt wie geplant Medizin zu studieren, erwarb er an der Sporthochschule Köln die Trainerlizenz, wurde Assistent von Bundestrainer Sepp Herberger, 1964 dessen Nachfolger. Für ihn, den später erfolgreichsten Trainer der bundesdeutschen Nationalmannschaft, gilt es an diesem Abend, die Dominanz gegenüber dem Ost-Berliner Regime zu beweisen.

Die Gruppenauslosung, die die beiden deutschen Mannschaften zusammenführte, sahen die Funktionäre der DDR als unangenehme Herausforderung, sogar als Überlegung, auf die Teilnahme an der WM zu verzichten, um beim Klassenfeind nicht unterzugehen. In der BRD dagegen war die Sache fast ausgemacht. Nur 17 Prozent der Befragten einer Wickert-Umfrage räumten der DDR-Auswahl eine Chance ein. Andererseits – der DDR-Fußball hatte gerade einen Lauf. Das Nationalteam war seit mehr als zehn Spielen ungeschlagen. Der FC-Magdeburg hatte 1974 den Europapokal der Pokalsieger gewonnen. Der FC Bayern war ein Jahr zuvor im Pokal der Meister nur knapp mit einem blauen Auge davongekommen, als sich er nach einem 4:3 Heimsieg gegen DDR-Meister Dynamo Dresden mit einem 3:3 über die Runden rettete.

Die Stimmung ist höchst aufgeladen, als die Mannschaften an diesem Samstag um 19.30 Uhr im ausverkauften Volksparkstadion auflaufen. Unter den 58.900 Zuschauern auch 1.780 ausgesuchte, parteitreue DDR-Fans, die unter dem »Decknamen Leder« in zwei Sonderzügen nach Hamburg kamen. Auch Bundeskanzler Helmut Schmidt, der nie zu Spielen der Nationalmannschaft kam, lässt sich den Besuch dieser Begegnung nicht nehmen. Und mit ihm zwölf Minister seines Kabinetts. Sie alle wollen einen Erfolg des BRD-Teams sehen.

Die Schön-Elf hat einiges gutzumachen. Wenige Tage zuvor hatte sie sich gegen den krassen Außenseiter Chile nur zu einem knappen 1:0 Sieg gezittert. Und gegen den Fußballzwerg Australien ein deutliches, aber kein glänzendes 3:0 erzielt. Nicht das, was die Fans des Europameisters von 1972 und der WM-Gastgebermannschaft erwarteten. Eine Wende musste her. Und Udo Lattek, der junge Erfolgstrainer des FC Bayern München und Co-Kommentator der Fernsehübertragung, war sich sicher, die Mannschaft werde alles tun, »um das Hamburger Publikum zurückzugewinnen«.

Danach sieht es lange aus. Die Feldüberlegenheit ist von Beginn an deutlich. Aus der Abwehr heraus wagt Beckenbauer immer öfter den Weg in den Angriff. Doch trotz Riesenchancen des Kölners Heinz Flohe und eines Drehschusses von Bayern-Bomber Gerd Müller an die Latte steht es in der Halbzeit 0:0. »Viele gute Ansätze, aber es fehlt der letzte Tropfen Glück«, resümiert ZDF-Kommentator Werner Schneyder zum Pausenpfiff.

Grund genug für die kleine Schar der DDR-Fans, immer lauter zu skandieren: »Wo bleibt denn das 1:0?« Nicht nur die Fans werden kecker, auch die Mannschaft nutzt den zerfasernden Auftritt der Bundesdeutschen zu immer frecheren Kontern. Den Entscheidenden in der 77. Minute. Wieder ein fehlgeschlagener Angriff der Westdeutschen. Zwei lange Schläge aus der DDR-Abwehr heraus. Der Ball landet bei Jürgen Sparwasser. Seine Bewacher Berti Vogts und der gerade erst eingewechselte Frankfurter Bernd Höttges rutschen auf dem Boden weg. Die Chance für den Magdeburger, ungehindert aus vier Metern Sepp Maier und die Bundesdeutschen zu bezwingen.

Eine Sensation, die natürlich auch politisch gewertet wird. »Der Osten hält seine Mauer intakt«, titelt der britische *Sunday Telegraph*. *Bild am Sonntag* erkennt ein »Schauspiel deutscher Teilung« und zählt den Trainer mit der Drohung an: »So nicht, Herr Schön.«

Der grämt sich nicht nur wegen der Schmach, mehr noch, weil manche seinen Spielern unterstellen, die Niederlage bewusst in Kauf genommen zu haben, um als Gruppenzweiter in der Zwischenrunde den Mitfavoriten Argentinien, Brasilien und den Niederlanden aus dem Weg zu gehen und mit Polen, Schweden und Jugoslawien leichteren Gegnern auf dem Weg zum Titel zu begegnen.

Ein Vorwurf, den Schön nicht nur sportlich, sondern auch politisch unerträglich fand. »Um es gleich vorweg zu sagen«, eröffnete er die Pressekonferenz – »die schwerste meines Lebens« – »wir haben nicht absichtlich verloren. Am Sieg der DDR gibt es nichts zu deuten.«

Der Held des Abends ist Jürgen Sparwasser. Er wird von der DDR-Presse gefeiert, von den Funktionären gehätschelt, aber bald auch von seinen Landsleuten verdächtigt, viele Privilegien zu genießen. Sein Glück war auch Verhängnis. Nach einer Reise ins Saarland blieb er in der Bundesrepublik. Fast zynisch urteilte er später: »Wenn man eines Tages auf meinen Grabstein ›Hamburg 74‹ schreibt, weiß jeder, was darunter liegt.«

Kampfansage ans Boulevard:
Cover der 1. Auflage von Heinrich Bölls Erfolgserzählung.

Hamburg, 16. August 1974, *Spiegel*-Redaktion

Eine literarische Kampfansage, ein Paukenschlag, eine Abrechnung: Heinrich Böll will sicher gehen, dass jeder Leser weiß, wer der Gegner ist. Deshalb hat er der Erzählung »Die verlorene Ehre der Katharina Blum« eine Bemerkung vorangestellt: »Personen und Handlungen dieser Erzählung sind frei erfunden. Sollten sich bei der Schilderung gewisser journalistischer Praktiken Ähnlichkeiten mit den Praktiken der ›Bild‹-Zeitung ergeben haben, so sind die Ähnlichkeiten weder beabsichtigt, noch zufällig, sondern unvermeidlich.«

In wenigen Wochen hat der Kölner Schriftsteller, seit 1972 Literaturnobelreisträger, die Geschichte von Katharina Blum geschrieben, die sich in einen Bundeswehrdeserteur verliebt, ihm Unterkunft bietet, in die Fänge der Polizei gerät und von dem Boulevardblatt *Die Zeitung* mit miesen Methoden desavouiert wird. Am Ende sieht sie keinen anderen Ausweg, als den Reporter des Blattes als Akt einer Selbstbefreiung zu töten. Eine polemische Erzählung, die schon vor der Buchveröffentlichung ein Renner ist.

Der *Spiegel* druckt sie vom 16. August 1974 als Fortsetzung ab, Filmemacher reißen sich um das Manuskript, der Verlag Kiepenheuer & Witsch geht mit einer Startauflage von 100.000 Exemplaren auf den Markt. Heinrich Böll wusste um die Provokation, produzierte sie bewusst, um zu zeigen, »was mit dem Leben von Menschen geschehe, die in Boulevardblättern verleumdet« werden.

Keine theoretische Spitzfindigkeit. Er selbst war von Konservativen und rechter Presse, vor allem von den Blättern des Springer-Konzerns, als Unterstützer der RAF-Terroristen, als deren geistiger Vater verleumdet worden. Nicht nur er persönlich. Was den Schriftsteller besonders erboste, war die Tatsache, dass seine Familie, seine Söhne von einer Verfolgung als angebliche RAF-Sympathisanten nicht ausgenommen wurden.

So verzweifelt war Böll über diese Angriffe, dass er zeitweise daran dachte, Deutschland zu verlassen. Aber er bekam auch Unterstützung. Vor allem von Willy Brandt, der selbst Hasstiraden der Konservativen erfahren und unter ihnen seit den sechziger Jahren gelitten hatte. Als Bundeskanzler machte er dem Schriftsteller Mut und forderte ihn auf: »Resignieren sollten Sie nicht. Ich habe es auch nicht getan.«

Endgültiger Anstoß zum literarischen Schlag gegen Springer und seine Helfer, war die Berichterstattung von *Bild* und der Berliner *BZ* über eine Hausdurchsuchung bei seinem Sohn Raimund in der Bonner Straße in Köln im Februar 1974. Die *BZ* hatte offensichtlich durch eine Indiskretion der Polizei von der Aktion Wind bekommen und darüber berichtet, bevor sie überhaupt stattfand. Anlass für die Durchsuchung war der Fund von Personalausweisen in einer Hamburger Wohnung, darunter auch die Papiere von Raimund und Lila Böll. Sie waren dem Ehepaar gestohlen worden. *Bild* meldete am 8. Februar: »Böll-Sohn von der Polizei verhört« und wusste wenige Tage später, dass der ein schlechter Schüler gewesen sei und sich als Künstler mit dumpfen Provokationen versuche.

Bölls literarische Antwort war eine Abrechnung mit dem Boulevardjournalismus. Während er beweisen wollte, wie wenig Chancen der einzelne hat, sich gegen die Methoden dieses Journalismus zur Wehr zu setzen, dichtete die politische und mediale Rechte diese Intention Bölls in eine Fortsetzung seiner angeblichen Sympathie für Terroristen um.

Die »Verlorene Ehre der Katharina Blum« wurde zu einem der größten Bucherfolge Heinrich Bölls; die Verfilmung mit Angela Winkler in der Rolle der Katharina Blum, ein Jahr später, zu einem Kinohit. Aber der Erfolg hatte auch seinen Preis. Für den Springer-Konzern und konservative Politiker war er Anlass, den Katholiken immer wieder als geistigen Urheber von Gewalt und Terror zu diskreditieren.

Wie sehr Heinrich Böll unter diesen Unterstellungen litt, hat sein Schriftstellerkollege Günter Grass beschrieben, als er von einem Besuch bei Böll kurz vor dessen Tod berichtete: »Meine Frau und ich besuchten ihn im Krankenhaus. Er versuchte den Anlaß seines temporären Aufenthalts – das nicht heilen wollende Raucherbein – zu verharmlosen und erzählte uns, wie es ihm immer wieder gelungen sei, mit restlich verbliebenem Charme von den Nachtschwestern Zigaretten zu schnorren. Erst gegen Ende unseres Besuchs gab er zu erkennen, was ihn mehr kränkte als seine Herzschwäche, das Raucherbein, die Zuckerkrankheit. Es sind die bösartigen Verletzungen in den Zeitungen des Springer-Konzerns gewesen, denen er seit Jahren ausgesetzt war. Der Vernichtungswille einer Horde von Berufszynikern, die sich Journalisten nannten.«

Spuren eines ungesühnten Mordes: Der Anschlag der
»Bewegung 2. Juni« auf Günter von Drenkmann in seinem Wohnhaus.

Berlin, 10. November 1974, Westend

Sie waren wie im Rausch, hatten die Republik gelähmt und der Politik ihre Bedingungen aufgezwungen. Die Baader-Meinhof-Gruppe, die selbst ernannte »Rote Armee Fraktion« (RAF), war ihnen zu abgehoben, zu intellektuell, zu wenig entschlossen. Diesen Sprösslingen aus bürgerlichen Familien wollten sie zeigen, wie man den Staat in die Bredouille bringt. »Wir, die Underdogs, die ewigen Verlierer und Proleten bestimmten das Handeln«, beschrieb später Till Meyer, einer der Aktivisten der »Bewegung 2. Juni«, das Hochgefühl, mit dem die Berliner Terrorgruppe das Land in Schrecken versetzt hatte: mit dem Mord an dem Berliner Kammergerichtspräsidenten Günter von Drenkmann am 10. November 1974 und der Entführung des Berliner CDU-Vorsitzenden Peter Lorenz am 27. Februar 1975.

In der ARD lief an diesem Novembersonntag der 45. »Tatort«: »Kneipenbekanntschaft« mit Knut Hinz als Kommissar Brammer. Zum Abspannen genau das Richtige für von Drenkmann, der einen Tag zuvor seinen 64. Geburtstag gefeiert hatte und Ruhe suchte. Als es in seinem Haus im bürgerlichen Berliner Westend schellte, sich ein Fleurop-Bote meldete, um einen Strauß Blumen abzugeben, dachte der geachtete Jurist nichts Böses. Vermutlich ein verspäteter Geburtstagsgruß. Nichts ahnend öffnete er die Haustür. Der Fleurop-Mann, der nicht allein war, kam ihm verdächtig vor. Instinktiv versuchte er die Sicherheitskette vorzulegen. Vergeblich. Die Täter überwältigten ihn, aus einer Pistole Kaliber 38 trafen ihn mehrere Schüsse. Dann flohen sie mit zwei Wagen. Noch auf dem Weg zum Krankenhaus starb Berlins oberster Richter. Das erste politische Opfer im Kampf der Linksterroristen gegen den Staat. Sie wollten Rache dafür, dass am Tag zuvor der RAF-Terrorist Holger Meins bei seinem Hungerstreik in der Frankfurter Haftanstalt gestorben war. Der Mord war allerdings nicht geplant. Von Drenkmann sollte entführt werden, um den Staat zu erpressen und einsitzende Mitglieder der Gruppe freizubekommen.

Dieser Fehlschlag sollte der »Bewegung« nicht noch einmal unterlaufen. Akribisch hatten sie das Umfeld des Berliner CDU-Vorsitzenden und Spitzenkandidaten Peter Lorenz in Berlin-Zehlendorf observiert und mit höchster Präzision ihren nächsten Schlag vorbereitet. Am 27. Februar, drei Tage vor der Senatswahl, bei der Lorenz vor allem mit dem Thema Sicherheit die Dominanz der SPD brechen wollte, war es so weit. Kaum drei Minuten vom Haus des CDU-Politikers entfernt, versperrte ein Transporter den Weg von Lorenz Wagen. Als der Fahrer ausstieg, wurde er bewusstlos geschlagen - mit einer Eisenstange. Der CDU-Mann wurde im Wagen überwältigt, betäubt und landete im Keller eines »Secondhandladens« in Kreuzberg, den die Bewegung zynisch als »Volksgefängnis« bezeichnete.

Schon wenige Minuten nach der Entführung löste die Polizei die größte Fahndung in der Geschichte West-Berlins aus: Fünf Hubschrauber, 200 Streifenwagen, Tausende Beamte durchkämmten die Stadt. Ohne Erfolg. Am nächsten Morgen meldeten sich die Entführer mit einem Polaroid-Foto, auf dem der sichtlich gezeichnete Lorenz mit einem Plakat – »Gefangener der Bewegung 2. Juni« – zu sehen war. Damit verbunden die Erklärung, der »Vertreter der Reaktionäre und der Bonzen« werde nur im Austausch gegen die Freilassung von sechs Terroristen der RAF und der »Bewegung 2. Juni« auf freien Fuß kommen. Die Terroristen sollten in ein Land ihrer Wahl geflogen werden. Während die Verurteilten Verena Becker, Gabriele Kröcher-Tiedemann, Ingrid Siepmann, Rudolf Heßler und Rolf Pohle sich auf die »Big Raushole« einließen, lehnte Horst Mahler für sich den Austausch ab.

Plötzlich hatte die Berliner »Terror-Straßenbande«, wie sie von den Sicherheitsbehörden bis dahin eingeschätzt worden war, das Land und die Politik im Griff. Krisenstäbe in Berlin und Bonn formierten sich. Bundeskanzler Helmut Schmidt warnte seinen Berliner Parteifreund, den Regierenden Bürgermeister Klaus Schütz: »Ihr dürft nicht nachgeben!« Schütz aber befürchtete, eine harte Haltung gegenüber den Terroristen würde nicht nur Lorenz Leben gefährden, sondern auch eine Bestrafung der SPD durch die Wähler am 2. März bedeuten. Auch in Bonn wurden die Stimmen aus der CDU immer lauter, sich auf einen Deal mit der »Bewegung« einzulassen. Ein »Kardinalfehler«, hat Helmut Schmidt später immer wieder betont. Dass er trotz seiner Bedenken, den Staat damit erpressbar zu machen, der Forderung von Kohl und

Schütz nachgab, hat er Jahrzehnte später in einem Gespräch mit seinem Freund, dem Schriftsteller Siegfried Lenz, so begründet:

»Der Regierende Bürgermeister Klaus Schütz und der Oppositionsführer Helmut Kohl waren sich einig, wir müssen austauschen. Und ich lag mit 39 oder 40 Grad Fieber im Bett und war nicht vernehmungsfähig. Aber sie brauchten meine Zustimmung. Da habe ich mit Hilfe von Loki meinen Arzt kommen lassen, der hat mich mit irgendeiner Spritze vernehmungsfähig gemacht und ich habe dem Austausch zugestimmt, und das haben wir dann auch getan. Am nächsten Morgen war ich wieder einigermaßen klar im Kopf, das Fieber runter auf 38 Grad, und mir wurde klar, was wir getan hatten. Die Terroristen konnten jetzt darauf rechnen, dass wir jedes Mal austauschen würden. Das wurde mir klar am nächsten Morgen, und ich habe gedacht: Niemals wieder darfst du nachgeben.« (Zitiert nach: Jörg Magenau, Lenz-Schmidt, Eine Freundschaft)

Das Nachgeben des Staates war für die Terrorszene ein Triumph. Als der ehemalige Berliner Bürgermeister Heinrich Albertz, der sich bereit erklärt hatte, die Terroristen auf ihrem Flug zum Wunschziel Aden im Süd-Jemen zu begleiten, das gewünschte Codewort – »So ein Tag, so wunderschön wie heute« – in die Kameras der Nachrichtensender sprach, feierten die Terroristen ihren Erfolg, lieferten ihren Anhängern in Berlin auf 30.000 Flugblättern eine Rechtfertigung für die Tat und ließen Lorenz am 4. März frei. Für seine Entführung wurden 1980 fünf Terroristen zu hohen Haftstrafen verurteilt. Der Mord an Günter von Drenkmann konnte keinem der Beteiligten zweifelsfrei nachgewiesen werden. Für diese Tat gab es keine Verurteilung und keine Sühne.

Winzer gegen Atomkraft:
Die Geburtsregion der ökologischen Bewegung.

Marckolsheim, 20. September 1974, Elsass

Blei! Erst einmal ging es um Blei und gegen eine Bleifabrik, die die Chemischen Werke München (CWM) in dem kleinen elsässischen Ort Marckholsheim in der Oberrheinebene bauen wollte. Als die Bagger dort am 20. September 1974 aufzogen, um das Gelände zu roden, fassten Winzer und Bauern, Studenten und Wissenschaftler, Aktivisten aus Deutschland, Frankreich und der Schweiz den Mut, das Baugelände zu besetzen – da Demonstrationen und passive Proteste ohne Ergebnis geblieben waren.

Die Menschen im Dreiländereck waren beunruhigt, weil Industrie und Politik die Grenzlage am Oberrhein für gigantische Bauvorhaben ausgewählt hatten. Schon im Jahr zuvor war im nahen elsässischen Fessenheim mit dem Bau eines Atomkraftwerks begonnen worden. Auf der anderen Rheinseite, in Baden-Württemberg, planten auch die Badenwerke erst in Breisach, dann in Wyhl den Bau eines AKW. Die bis dahin eher bäuerlich genutzte Region sollte zu einem Industriepark umgewandelt werden. Ein »Ruhrgebiet am Rhein«, das war die Vision von Baden-Württembergs Ministerpräsident Hans Filbinger. Das AKW Wyhl war als gewaltiges Projekt geplant. 150 Meter hoch sollten die beiden Nasskühltürme des Kraftwerks in die Landschaft ragen. Während der Bürgermeister des kleinen Orts eine wirtschaftliche Chance in dem Kraftwerkriesen sah, waren die Ängste in Teilen der Bevölkerung groß. Tatenlos wollten sie nicht mehr zuschauen.

Lokale Protestgruppen gab es schon länger. Im Sommer 1974 dann schlossen sich über 30 Initiativen im Wirtshaus »Fischerinsel« in dem kleinen Rheindorf Weisweil zum Komitee der badisch-elsässischen Bürgerinitiativen zusammen. Hauptinitiator: Balthasar Ehret, Kneipenwirt der »Fischerinsel«, politisch zeitweise bei der DKP angesiedelt.

Recht war es den protestierenden Dörflern nicht, dass ihre Anliegen durch den »Kommunisten«, wie sie ihn nannten, politisch so aufgeladen wurde. Sie interessierte nicht der Kampf gegen das Kapital. Die Winzer und Bauern hatten Angst, dass durch das Marckolsheimer Chemiewerk hohe Bleikonzentrationen Ernte und Gesundheit von Tieren und Menschen gefährden könne. Bei der Planung der Atomkraftwerke gab es anfangs weniger Befürchtung, dass diese Technologie grundsätzlich des Teufels sei, als die Sorge, die warmen Wasserdämpfe könnten dem extensiven Weinanbau am Kaiserstuhl schaden.

Ein buntes Völkchen, das sich da am 20. September mit der Besetzung in Marckolsheim zum Kampf zusammenfand und im Februar 1975 einen Erfolg feiern konnte: Die französische Regierung schwenkte ein und untersagte den CWM den Bau der Bleifabrik.

Ein Erfolg, der alle beflügelte, die unter dem alemannischen Schlagwort – »Nai hämmer gsait« – zusammen gekommen waren. Was beim Blei gelungen war, wollten sie auch bei den Planungen des Atomkraftwerks in Wyhl durchsetzen. Zwar entschied sich in einem Bürgerentscheid eine knappe Mehrheit im Januar 1975 für den Bau. Doch als die Bagger Ende Februar anrückten, um den Rheinwald für den Bau zu roden, formierten sich die Gegner erneut, besetzten das Baugelände und konnten nur durch massiven Polizeieinsatz gebändigt werden. Bizarre Szenen, in denen junge Polizisten mit Hunden und Wasserwerfern gegen Rentner, Winzerinnen und Bauern, die meisten von ihnen bis dahin treue CDU-Wähler, vorgingen. Szenen, die in der Republik Aufsehen erregten und dem bis dahin eher regionalen Protest bundesweite Aufmerksamkeit bescherten.

Wenige Tage nach der Räumung demonstrierten 28.000 Menschen in Wyhl, besetzten den geplanten Bauplatz erneut und ließen sich bis zur Gesprächsbereitschaft der Landesregierung nicht mehr vertreiben. Was während der neunmonatigen Besetzung im Wyhler Wald geschah, war die Geburt der ökologischen Bewegung der Republik. Die Bürger vor Ort mischten sich mit Studenten der Universität Freiburg, mit Aktivisten aus den Bürgerinitiativen der Region. Kulturprogramme und wissenschaftliche Kolloquien, Liederabende mit alemannischen Protestsongs in der »Volkshochschule Wyhler Wald« bildeten eine neue, in Deutschland nie gekannte Form des Protests. Der Versuch der Stuttgarter Politik, die Besetzer als Kommunisten, als Verbrecher und Pöbel abzutun, verfing nicht. Es waren in der Mehrzahl die Kaiserstühler, die den Protest trugen und für ihre Region kämpften.

Die Landesregierung musste nachgeben und suchte das Gespräch mit den Demonstranten, um ein Verfahren zu entwickeln, in dem sich beide Seiten Gehör verschaffen konnten. Daneben lieferten sich beide Seiten eine juristische Schlacht, die am Ende den Bau ermöglicht hätte. Politisch aber war Wyhl nicht mehr durchzusetzen. Lothar Späth, Filbingers Nachfolger als Ministerpräsident, hielt 1983 die Fertigstellung aktuell nicht mehr für nötig: »Der Zeitdruck für Wyhl ist weg.« Und 1987 bestätigte er noch einmal, für die Stromversorgung sei das Kraftwerk erst im Jahr 2000 relevant. Da war das AKW Wyhl längst Geschichte, das ehemalige Baugelände in ein Naturschutzgebiet umgewandelt worden.

»Nai hämmer gsait«, dieser Kampfspruch hat Geschichte geschrieben, war Aufbruch zur Umweltbewegung und lebt im Verband der badisch-elsässischen Bürgerinitiativen bis heute weiter. Denn was in Wyhl gelang, war im elsässischen Fessenheim nicht möglich gewesen. Der regionale Protest richtet sich weiter gegen das dortige Atomkraftwerk, das durch viele Pannen immer wieder für Schrecken sorgte und dessen Abschaltung vorrangiges Ziel der französischen und deutschen Umweltschützer blieb. Sie könnten auch damit 2020 Erfolg haben.

Die Angst vor der »Bestie in meinem Körper«:
Der Kindermörder Jürgen Bartsch.

Lippstadt-Eickelborn, 26. April 1976, Heilanstalt

Die Operation sollte eine Erlösung sein, die letzte Hoffnung, sich von der »Bestie in meinem Körper« zu befreien. Ein chirurgischer Eingriff, die Kastration im Krankenhaus der Landesanstalt Eickelborn bei Lippstadt, sollte dem Leben des Serienmörders Jürgen Bartsch am 26. April 1976 eine Wende geben. Sie brachte den Tod. Ein Fehler bei der Anästhesie führte zum finalen Kollaps.

Das Ende einer Tragödie, die vier kleine Jungen das Leben kostete und die Republik in den sechziger Jahren aufwühlte. Auf grausamste Art hatte der »Kirmesmörder«, die »Bestie in Menschengestalt«, der Metzgerlehrling aus dem rheinischen Langenberg, seine Opfer zwischen 1962 und 1966 in einen Hinterhalt gelockt, sie missbraucht, getötet, zerstückelt. In einem Stollen unweit seines Adoptiv-Elternhauses, auf halbem Wege zwischen Wuppertal und Essen. Nur weil sich ein fünftes Opfer in der Höhle von seinen Fesseln befreien konnte, kamen die Fahnder auf die Spur des Serienmörders, eines 21-jährigen Mannes mit Kindergesicht. Jürgen Bartsch.

Die Festnahme schien auch für ihn eine Befreiung zu sein. Endlich reden zu können über seine sadistischen Neigungen. Darüber, dass es noch viel mehr Opfer hätten werden können, die er bei seinen Streifzügen zwischen Essen und Langenberg bevorzugt auf Jahrmärkten suchte. Mehrmals hatte er es unternommen, sich und seine Taten anzuklagen. Beim Beichten. Aber der Priester hatte geschwiegen, nur die Absolution verweigert. Bei einem Freund im elterlichen Metzgereibetrieb. Aber der hatte ihm kein Wort geglaubt.

Die öffentliche Stimmung war erhitzt. Sie wollte den kurzen Prozess. So kam es auch.

Beifall, Johlen, laustarke Zustimmung im Zuschauerraum, als der Vorsitzende Richter im Landgericht Wuppertal nach einem gerade mal dreiwöchigen Verfahren im Dezember 1967 das Urteil verkündet. Lebenslange Haft. Eine Strafe für Jürgen Bartsch, den Kindermörder, die eine erregte Öffentlichkeit und der Boulevard für mehr als angemessen halten.

Die Journalistin Ulrike Meinhof, die für *Konkret* berichtet, zeigt sich über die jubelnde Stimmung im Gerichtssaal empört, vor allem darüber, dass der Gerichtsvorsitzende schwieg, »wo Beifalls- und Mißfallenskundgebungen sonst aus gutem Grund gerügt werden, schweigt, wo eine Gesellschaft sich durch ihren Haß auf einen Kindesmörder das gute Gewissen verschafft, das sie braucht, um zum Kindermorden in Vietnam schweigen zu können und zur Barbarei mit Kindern im eigenen Land, in der eigenen Familie«.

Diese Barbarei hatte Bartsch in seinem ganzen jungen Leben durchlitten. 1946 unehelich als Karl-Heinz Sandrowski geboren, kam er nach dem Tod seiner Mutter als Pflegekind zu der wohlhabenden Metzgerfamilie Gertrud und Gerhard Bartsch, wurde adoptiert und hieß fortan Jürgen. Aus Angst, er könne von draußen erfahren, dass sie nicht die leiblichen Eltern seien, sperrten sie ihn bis zum Schuleintritt in einem tageslichtlosen Keller ein und untersagten ihm auch während der ersten Schuljahre Kontakt zu anderen Kindern.

Weil sie sich mit der Erziehung überfordert fühlten, steckten sie ihn mit zehn Jahren in ein Heim, zwei Jahre später in ein Internat der Don-Bosco-Salesianer, in dem Züchtigung zum Alltag gehörte. Und nicht nur das. Der Junge mit dem Engelsgesicht wurde von einem Pater sexuell missbraucht. Bartsch, selbst Opfer, suchte sich bald andere, jüngere als Opfer, an denen er seine Überlegenheit beweisen konnte. Zweimal flüchtete er aus dem Internat, kehrte schließlich tief verzweifelt zu seinen Adoptiveltern zurück und wurde erstmals 1961 polizeibekannt, als er wegen eines sexuellen Übergriffs und Attacken auf einen Nachbarsjungen angezeigt wurde. Das Verfahren wurde eingestellt – und wie ein einsamer Wolf streunte er fortan durch die Gegend.

Hilfe gab es nicht. Während er im Elternhaus, in dem er inzwischen gegen seinen Willen eine Metzgerlehre begonnen hatte, den braven Sohn, das »goldige Kerlchen« spielte, der sich von seiner harten Mutter noch als Jugendlicher baden ließ, konnte er draußen seine dämonischen Kräfte nicht bändigen.

Erst nach dem Urteil »lebenslänglich« richtete sich der Blick darauf, dass seine Erziehung, »schwarze Pädagogik«, wie die Psychologin Alice Miller das nannte, die Anlagen zum Serienkiller gefördert hatte. Welche Qualen er wegen seiner Neigungen litt, deckte ein Briefwechsel auf, den der amerikanische Journalist Paul Moor 1968 zu Bartsch aufnahm und 1972 in dem Buch »Das Selbstporträt des Jürgen Bartsch« veröffentlichte. Da war das erste Urteil gegen ihn längst aufgehoben. Der Münchner Staranwalt Rolf Bossi hatte mit seiner Revision beim Bundesgerichtshof ein neues Verfahren erreicht, bei dem Bartsch nach Jugendstrafrecht zu zehn Jahren Haft und anschließender Unterbringung in der Heilanstalt Lippstadt-Eickelborn verurteilt wurde.

Jürgen Bartsch spürte weiter die »Bestie« in sich, konnte seiner Mordfantasien nicht Herr werden und galt als untherapierbar. Darum willigte er in seine Kastration ein, um sein Leben nicht bis zum Ende in der freudlosen Anstalt Eickelborn verbringen zu müssen. »Besser heute nacht als morgen früh«, so bat er die Ärzte um Eile bei dem Eingriff, der ihn das Leben kostete. Das jähe Ende eines kriminalistisch-juristischen »Jahrhundertfalls«. Zehn Jahre lang war er in den Schlagzeilen gewesen, war bis aufs letzte bei Seminaren und Kolloquien durchleuchtet worden.

Der Fall Bartsch hat den Umgang mit Triebtätern verändert, hat der Justiz klar gemacht, dass es nicht nur des Einsperrens, sondern auch ärztlicher Hilfe bedarf. Hat er der Gesellschaft gar noch mehr beschert? Eine vage Vermutung wagte Gerhard Mauz, der legendäre Gerichtsreporter des *Spiegel*, als er nach Bartschs Tod in dem Hamburger Magazin an den Meinhof-Kommentar nach dem ersten Urteil erinnerte. Lapidar merkte er an, an diesem Kommentar könnten Wissenschaftler »dereinst feststellen, daß er auf dem Weg der Ulrike Marie Meinhof in die RAF keinen geringen Stellenwert hat«.

Reitet für Deutschland:
Der Franzose Pierre Brice alias Winnetou im Sauerland.

Lennestadt-Elspe, 19. Juni 1976, Karl-May-Festspiele

Die Naturbühne war in großer Not. Ihr Winnetou wollte nach vielen Jahren nicht mehr reiten und peilte statt des sommerlichen Spektakels mit Action und Schauspielerei bei den Karl-May-Festspielen im sauerländischen Elspe eine ruhigere bürgerliche Existenz an. Vom gefeierten Indianerhäuptling zum Erbe des Vaters – eine Fahrschule.

Jochen Bludau, Organisator der Truppe und seit Jahren in der Rolle des Old Shatterhand dabei, brauchte einen neuen Blutsbruder und wagte den großen Wurf. Über eine Agentur ließ er bei Pierre Brice anfragen, dem Winnetou par excellence, dem Schwarm aller Karl-May-Fans, der in den sechziger Jahren zum Idol einer jungen Kinogeneration geworden war. Der Franzose, der an die Erfolge seiner von Karl Wendlandt produzierten Winnetou-Streifen in den sechziger Jahren nicht mehr anknüpfen konnte und als Schauspieler eher unterbeschäftigt war, ließ sich nicht lange bitten.

Am 19. Juni 1976, einem Samstagabend, stand er zum ersten Mal auf der Bühne im Sauerland. Ein Glücksfall für Brice und die Karl-May-Bühne Elspe. Nichts hatte der Typ mit der langen schwarzen Mähne, der sanften Mimik, der sparsamen Sprache an Attraktion verloren. Im Gegenteil, Zuschauer und Medien rissen sich um ihn. Er ritt wieder, nicht mehr durch die dramatischen Landschaften Kroatiens, in denen seine Filme damals gedreht worden waren, sondern durch die auf große Effekte getrimmten Kulissen der Sauerländer Bühne. Mit umwerfendem Erfolg. Die Zuschauerzahlen kletterten auf bis zu 400.000 pro Saison. Der Nimbus von Pierre Brice lebte. Die Jugendlichen, die vor den Leinwänden bittere Tränen weinten, als ihr Idol – war es noch Winnetou oder Pierre Brice – 1965 vor der Filmkamera sterben musste, brachten als junge Eltern ihre Kinder mit nach Elspe, um die Faszination für ihre Legende zu vererben.

Ein Triumph, an den der 1929 in Briest geborene höchst mittelmäßig erfolgreiche Schauspieler selbst nie glaubte, als ihm der deutsche Produzent Wendlandt die Rolle des Winnetou an der Seite von Lex Barker als Old Shatterhand anbot. Er hatte Angst, vom routinierten Barker an die Wand gespielt zu werden. Klagen, dass ihm der schmale Text zu wenig Entfaltung biete. Große Probleme mit dem Reiten, zumal er als Indianer natürlich ohne Sattel auskommen musste. Und vor allem fragte sich Brice, der von Karl May und seinen in Deutschland seit Jahrzehnten verschlungenen Romanen nie gehört hatte, wen die Geschichten um Gute und Böse, um Indianer und Gangster, um Freundschaft und Verrat aus den endlosen Weiten des amerikanischen Westens in deutsche Kinos locken sollten.

Ein gewaltiger Irrtum. Allein »Winnetou I« lockte 1963 in zwölf Monaten mehr als drei Millionen Kinobesucher an. Die Streifen wurden mit Bambis überhäuft. Pierre Brice wurde der »Häuptling der Herzen«, von jugendlichen Fans angehimmelt, und hatte ein Dauerabo für die berühmten Starschnitte in der Jugendzeitschrift »Bravo«.

Was im Film vorbei schien, wiederholte sich für Pierre auf der Bühne in Elspe. Trotz seiner Bedenken, da er kein Deutsch sprach, er nie live vor Publikum gespielt hatte, holte ihn der Ruhm wieder ein. So überwältigend, dass er 1980 auf eigene Faust eine Welttournee als Winnetou plante. Ein Flop: Nach zwei Aufführungen in Dortmund und Wuppertal war diese Welt am Ende. Reumütig kehrte er von 1982 bis 1986 nach Elspe zurück. Doch die Jahre, seine Jahre, forderten ihren Tribut. Mit den erforderlichen Actionszenen tat sich der Mittfünfziger inzwischen schwer. »Es passte nicht zu uns, dass Pierre Bewegung und Spritzigkeit durch ein Übermaß an Weisheit ersetzen wollte«, erinnert sich Bludau, damals immer noch als Old Shatterhand Partner auf der Bühne des Filmstars.

Aber Brice selbst war so eins geworden mit seiner Rolle als Edelindianer, dass er davon nicht lassen konnte. Noch einmal ein neuer Anlauf, dieses Mal auf der Karl-May-Bühne im schleswig-holsteinischen Bad Segeberg. Danach versuchte er sich vor allem als Autor und Sänger, engagierte sich als UNICEF-Botschafter. Die Bundesrepublik zeichnete den patriotischen Franzosen mit dem Bundesverdienstkreuz Erster Klasse aus. Auch nach seinem Tod 2015 ist er auf den Bildschirmen präsent.

Fast regelmäßig laufen Wiederholungen seiner Welterfolge aus den sechziger Jahren. Und die Fangemeinde verehrt ihn immer noch.

Für die Karl-May-Festspiele im Sauerland ist Pierre Brice längst Geschichte, eine großartige Erinnerung, aber gekämpft und gespielt wird ohne ihn. Allerdings, wer anruft in Elspe und in die Warteschleife gerät, hört die kitschig-sämigen Tönen der Filmmelodien von Martin Böttcher, wird in die Jugendzeit versetzt und reitet mit Pierre Brice, pardon Winnetou, weiter durch die Weiten der Prärie.

Ausgesungen. Ausgedichtet. Aus der Traum:
Der Liedermacher Wolf Biermann in der Kölner Sporthalle vor seiner Ausbürgerung.

Köln, 13. November 1976, Sporthalle

Weg ist sie, abgerissen, abgewickelt. Neun Jahre hat sie die DDR überlebt. Dann war's vorbei mit der maroden, einsturzgefährdeten Halle, der Kölner Sporthalle in Deutz nahe dem Rhein. Eine schräge, waghalsige Konstruktion, das Ende des zweiten deutschen Staates mit diesem unwirtlichen Veranstaltungsort aus der westdeutschen Nachkriegszeit in Verbindung zu bringen – abwegig ist es nicht...

Hier, in dieser Halle bekam die DDR am 16. November 1976 einen Knacks. Es war der »ungetrübteste Glückstag« im Leben des Wolf Biermann. 6.500 Zuschauer hörten dem Liedermacher live zu, Hunderttausende verfolgten den Auftritt in West und Ost an den Radios und feierten ihn. Schon nach fünf Minuten verriet der Sänger, den das Regime über Jahre in seiner Wohnung in der Ost-Berliner Chausseestraße 131 eingesperrt hatte, ohne ihn wirklich mundtot zu machen, seine Mission: »Die deutsche Einheit, wir dulden nicht, daß nur das schwarze Pack davon spricht! Wir wollen die Einheit, die wir meinen, so soll es sein, so wird es sein.«

Er war überrascht und verängstigt gewesen, als die SED-Führung nach elf Jahren Auftrittsverbot der Einladung der IG-Metall zu einer Konzertreise in der BRD nachgab. Er traute dem Braten nicht. Doch Freunde rieten ihm zu. »Bammel« hatte er, als er von 6.500 Zuhörern erfuhr. Das eigene Wohnzimmer war ein Jahrzehnt sein Konzertsaal gewesen. Bevor er sich nach Westdeutschland aufmachte, kehrte er in West-Berlin kurz bei Günter Grass ein. Generalprobe sozusagen in des Schriftstellers Wohnung in Friedrichshain.

Auf der Bühne in Köln, allein mit seiner Gitarre, verflog der Bammel schnell. Eine Explosion. All das, was er in der Vergangenheit nur hinter verschlossenen, überwachten Türen hatte sagen, singen und räsonieren können, musste raus. Aus dem geplanten zweistündigen Auftritt wurde eine mehr als vierstündige Abrechnung mit dem System, mit einer Diktatur, die alles andere als eine Diktatur des Proletariats war.

Seine ganze Verzweiflung über und seine Verbundenheit mit der DDR sang er heraus in dem Lied: »Ich möchte am liebsten weg sein, und bleibe am liebsten hier.« Und fügte vorsichtshalber, damit keine Zweifel offen blieben, vor dem Kölner Publikum hinzu: »Hier ist natürlich nicht hier.«

Die Entscheidung nahm ihm das Regime in Ost-Berlin aus der Hand. Drei Tage später, einen Tag nach seinem 40. Geburtstag, meldete *ADN*, die Nachrichtenagentur der DDR: »Die zuständigen Behörden haben Wolf Biermann ... das Recht auf weiteren Aufenthalt in der DDR entzogen.«

Der Sänger, nach einem Besuch Heinrich Bölls gerade auf dem Weg zu einem Konzert in Bochum, hörte die Nachricht im Autoradio. »Ich war«, schreibt er in seiner Biografie, »wie in die Tonne getreten. Mir wurde elend vor Angst. Aus! Alles aus! Biermann hinüber! Ausgesungen! Ausgedichtet! Aus der Traum!«

Jetzt saß er in dem Westen fest, den er 1953 verlassen hatte, um als junger Pionier beim Aufbau des Sozialismus dabei zu sein. Als Sänger, als Schauspieler, als Regisseur. Ein kurzer Traum, der 1964 mit Auftrittsverbot endete, weil er schon einmal bei einer West-Tournee dem Regime, das mit »Stalins hartem Besen« gegen Kritiker vorgehe, die Leviten gelesen hatte.

Die Solidaritätsadressen von mehr als 100 Intellektuellen, Schriftstellern, Schauspielern, die in der DDR gegen seine Ausweisung protestierten, konnten Biermann 1976 nicht helfen. Stattdessen wurden die Unterzeichner selbst mit Berufsverboten belegt. Viele, so auch der in der DDR renommierte Volksschauspieler Manfred Krug, beantragten von sich aus die Ausreise.

Die Kölner Sporthalle und die Folgen, sie haben viel mit dem Ende der DDR zu tun. Der *SZ*-Journalist Willi Winkler hat das in einer Rezension von Biermanns 2017 erschienener Autobiografie »Warte nicht auf bessere Zeiten!« so beschrieben: »Köln ist im November 40 Jahre her, sein halbes Leben. Die DDR schleppte sich noch dreizehn Jahre hin. Die Ausbürgerung Biermanns brachte sie dem Ende näher, die Solidarisierung mit ihm, dem ehemaligen Wunderknaben des ehemals besseren Deutschlands, nahm ihr den moralischen Kredit, der auch mit den von Kohl und Strauß zugeschossenen Milliarden nicht mehr auszugleichen war.«

Nur noch ein Postkartenidyll: Der Geist von Kreuth.

Wildbad Kreuth, 19. November 1976, Klosteranlage

Die Stimmung um Mitternacht brodelte. Im Bierstüberl floss der Alkohol in Strömen, während der CSU-Vorsitzende Franz Josef Strauß mal wieder über sein Lieblingsthema schwadronierte. Raus aus der Fraktionsgemeinschaft mit der CDU in Bonn und eigene Wege gehen. Was er schon nach der Bundestagswahl 1972 folgenlos mit engsten Getreuen überlegt hatte, präsentierte er nun im idyllischen Wildbad Kreuth der Landesgruppe der CSU-Bundestagsabgeordneten. Zwölf Stunden diskutierten die Christsozialen heftig, dann ließen sie am 19. November 1976 die Bombe platzen: Auflösung der seit Beginn der Bundesrepublik bestehenden gemeinsamen Fraktion mit der Schwesterpartei.

Das Bundestagswahlergebnis vier Wochen zuvor, das CDU/CSU mit ihrem Kanzlerkandidaten Helmut Kohl wieder zur stärksten Kraft im Lande gekürt und der Union mit 48,6 Prozent eines ihrer besten Ergebnisse beschert hatte, war den Bayern kein Trost. Sie sahen sich in babylonischer Gefangenschaft einer Mehrheit von SPD und FDP, die Strauß endlich knacken wollte. 30 der 50 Abgeordneten stimmte dem Strauß-Kurs zu und brachten die Republik, und ganz besonders die Schwesterpartei CDU, in Wallung. Deren Vorsitzender Helmut Kohl tobte und ließ sich vom Vorstand seiner Partei die Genehmigung geben, im Falle eines Falles mit der CDU in Bayern einzufallen.

Er tobte noch heftiger, als Strauß wenige Tage später bei Brathendl in einem Münchener Wienerwald-Lokal seines Freundes Friedrich Jahn vor bayerischen Nachwuchspolitikern der JU nachlegte und gegen Kohl zu einem vernichtenden Schlag ausholte. Der werde nie Kanzler werden, »... er ist total unfähig dazu. Ihm fehlen die charakterlichen, die politischen, die geistigen und die moralischen Voraussetzungen. Ihm fehlt alles«. Und einmal in Fahrt ritt er eine Attacke auf das gesamte Führungspersonal der Schwesterpartei. Das seien »politische Pygmäen«, »Zwerge im Westentaschenformat«, »Reclam-Ausgaben von Politikern«.

Der hohe Unterhaltungswert der Tiraden, über die sich die eine Hälfte der Republik schwarz ärgerte und die andere köstlich amüsierte, stand in krassem Gegensatz zum Durchhaltevermögen des CSU-Chefs. Nachdem die CDU zur Attacke geblasen, das Personal für die Aufstellung eines CDU-Landesverbandes in Bayern schon sondiert hatte, rollte Strauß im Dezember die Revolutionsfahne ein und stimmte einer erneuten Fraktionsgemeinschaft in Bonn zu.

Immerhin: Das Bierstüberl-Donnern und der Brathendl-Zorn bescherte dem Bayern am Ende das Geschenk einer Kanzlerkandidatur. Aus der offenen Feindschaft zwischen dem »Schwarzen Riesen« und dem bajuwarischen Radaubruder wurde eine angebliche Männerfreundschaft, die die beiden bei einem ausgiebigen Waldspaziergang medienwirksam inszenierten. Zwar kam der im Norden der Republik eher verachtete Strauß 1980 nicht an das Wahlergebnis, das Kohl vier Jahre zuvor für die Union herausgeholt hatte, verlor mehr als drei Prozentpunkte und landete bei 44,5 Prozent. Kanzler blieb Helmut Schmidt. Trotzdem bereitete der Bayer Helmut Kohl ungewollt den Weg ins Kanzleramt, weil er viele einstige Union-Wähler der von ihm verachteten FDP zugetrieben und diese mit einem zweistelligen Ergebnis von 10,2 Prozentpunkten gestärkt hatte. Das ermunterte die Liberalen, allen voran deren Chef Hans-Dietrich Genscher, in den nächsten zwei Jahren den Bruch mit der Sozialdemokratie und deren Kanzler Helmut Schmidt vorzubereiten und im Herbst 1982 den Wechsel zu Helmut Kohl zu wagen. Ein »Zwerg im Westentaschenformat«, wie Strauß ihn niedergemacht hatte, im Kanzleramt.

Geschichte, längst, und nur noch blasse Erinnerung an den Kampf zweier Rivalen. Überlebt allerdings hatte der »Geist von Kreuth«. Immer wenn die CSU-Landesgruppe Anfang Januar zur Jahresauftakttagung ins idyllische Wildbad Kreuth rief, machten sich Heerscharen von Journalisten auf, um vielleicht doch noch einmal einen Aufstand mitzuerleben.

Den letzten Affront, dessen sich die Freunde im »Geist von Kreuth« gegen ihre Schwesterpartei rühmen durften, hatte der CSU-Landesgruppenvorsitzende Michael Glos 2002 zu verkünden. Im winterlichen Wildbad ließ er die Schwesterpartei wissen, als Kanzlerkandidat der Union käme für die CSU nur Edmund Stoiber infrage. Ein Schlag gegen die CDU-Parteivorsitzende Angela Merkel.

Nicht mehr der »Geist von Kreuth« beherrschte die Tagung der Landesgruppe im Januar 2007, sondern ein »dunkles Geheimnis von Kreuth« (*Münchener Merkur*). Die Rebellion der 126 CSU-Landtagsabgeordneten richtete sich nicht gegen die Schwesterpartei, sondern hatte autoaggressive Züge. Es ging gegen Edmund Stoiber. Auslöser war die bizarre Behauptung der CSU-Landrätin Gabriele Pauly, von Stoibers Leuten bespitzelt worden zu sein. Eher eine Posse als ein ernsthaftes Argument gegen Stoiber. Dass sie Wirkung zeigen konnte, lag daran, dass viele in der Partei seine Überheblichkeit und die erneuten Gedankenspiele, sich von Bayern nach Berlin zurückzuziehen, nervten. Zwar reisten seine Mitstreiter, allen voran Generalsekretär Markus Söder, zur Gaudi der dort schon lauernden Journalisten in Wildbad Kreuth mit dem Vorsatz an, »bis zu letzten Patrone« für den Chef zu kämpfen. Die aber war verschossen, als Stoiber am 17. Januar abends die Klausur verließ, sich durch eine dreizehnseitige Ehrenerklärung der CSUler in Sicherheit wiegend. Kaum war er abgereist, meldeten Innenminister Günther Beckstein und Finanzminister Erwin Huber ihre Führungsansprüche an mit dem Versprechen, die Macht im Land aufzuteilen. Stoibers Ende.

40 Jahre nach der ersten Klausur der CSU-Landesgruppe mussten die Christsozialen den geschichtsträchtigen Ort räumen. Umbauarbeiten des in die Jahre gekommenen Tagungszentrums und damit verbundene höhere Mietkosten zwangen die Hanns-Seidel-Stiftung als Pächter, ein anderes Tagungszentrum zu suchen. Der »Geist von Kreuth« lebt nur noch auf der Webseite »Historisches Lexikon Bayerns«.

EMMA und ihre Herausgeberin Alice Schwarzer.

Köln, 6. Januar 1977, *Emma*-Redaktion

Sie nannte sie Emma. Favoritinnen unter den Mädchennamen in den siebziger Jahren waren Yvonne, Nicole oder Tanja. Alice Schwarzer nannte ihr Kind Emma – damals als Vorname altmodisch und total out. Emma klingt aber nach Emanze, und es war auch kein Kind aus Fleisch und Blut, sondern *Emma,* Deutschlands erste feministische Zeitschrift. Redaktionssitz Köln, Startauflage am 26. Januar 1977: 200.000. Verlegerin, Herausgeberin, Chefredakteurin: Alice Schwarzer. Bis heute.

Bekannt war Alice längst. Nach mehreren Jahren in Paris nach Deutschland zurückgekehrt, mit viel Selbstbewusstsein im Gepäck und zwei großen Namen. Die Begegnungen mit der berühmten Literatin und Feministin Simone de Beauvoir werden zu einem Schlüsselerlebnis ihrer Biografie, das sie in Buch (»Weggefährtinnen im Gespräch«) und Doku-Film verarbeitet. Und immerhin ist deren Lebensgefährte die philosophische Überfigur Jean-Paul Sartre.

Beeindruckend, wie die junge Journalisten Alice damals in den Altherrenrunden von Werner Höfers »Frühschoppen« kess und kenntnisreich nach mehr Gleichberechtigung für Frauen ruft. 1971, als die Republik heftigst über Paragraf 218 diskutiert, organisiert Schwarzer die 374 Unterschriften für den unvergessenen *Stern*-Titel »Wir haben abgetrieben« – mit Romy Schneider, Sabine Sinjen, Senta Berger, der Journalistin Carola Stern – eine endlose Promi-Liste. Das Vorbild dieser Aktion kannte sie aus Frankreich, *Le Nouvel Observateur* hatte u. a. mit Catherine Deneuve und de Beauvoir vorgelegt. 1975 wieder ein großer Aufschlag: ihr Buch »Der kleine Unterschied und die großen Folgen«, ein Bestseller mit immer neuen Auflagen, ein Titel, der in den Sprachgebrauch eingeht.

Und dann mit *Emma* quasi ein eigenes Sprachrohr in Sachen Feminismus mit großem Aufmerksamkeitspotenzial, zweimonatlich am Kiosk oder im Abo. Ein kleines Team um Alice, unter anderem mit Sabine Schruff und Christiane Ensslin, der

Schwester von Gudrun, hängt Themen, die in den Medien bis dahin nicht vorkamen, vielbeachtet an die große publizistische Glocke. Sie spiegeln bis heute gesellschaftliche Entwicklungen hierzulande und weltweit: von Klitorisverstümmelung (1977), fundamentalistischem Islam und Kopftuch (seit 1979), von Schwarzer mit Inbrunst bekämpft, über Sadomasochismus, gleiche Bezahlung für gleiche Arbeit, Frauenfußball bis zur Genderdebatte dieser Tage. Gerade von männlichen Kollegen gibt es zum *Emma*-Journalismus immer wieder spitze Anmerkungen, aber das Blatt druckt sie selbstironisch gern in der Rubrik »Die lieben KollegInnen« ab.

Alice Schwarzer ist nicht nur *Emma*. Sie schreibt vielbeachtete Biografien über die im Schlaf von ihrem Partner Gert Bastian erschossene Petra Kelly, über Romy Schneider, Marion Dönhoff. Und obwohl längst selbst ein Promi, sonnt sie sich erkennbar im Glanz ihrer Nähe besonders zu Simone und Romy. Sie kann aber auch knallharte Recherche und Attacke. Sie recherchiert im fundamentalistischen Khomeni-Iran zur Frauenunterdrückung oder im Méditerranée-Club zu angeblicher Libertinage – beides lange her. Sie klagt gegen Henry Nannen und Helmut Newton, dessen Fotos sie für faschistoid hält, gegen eine Autorin und Ex-Freundin wegen Details einer Biografie. Und streitbare Auftritte in Talkshows oder auf anderen öffentlichen Bühnen sind absolut ihr Ding.

Im Frühjahr 1980 gibt Schwarzer die *Emma*-Chefredaktion an die TV-Journalistin Lisa Ortgies ab, nach zwei Monaten ist das Experiment gescheitert, nicht ohne wenig schmeichelhafte Kommentare von beiden Seiten. Die Neue kritisiert Alices Dominanz selbst im Tagesgeschäft, die spricht Ortgies die Eignung ab und findet, sie sei familiär zu sehr abgelenkt. Und das in einem feministischen Redaktionsteam? Alice eine schwierige Chefin? Das hatte sich schon herumgesprochen.

Die »Ikone der deutschen Frauenbewegung«, die der *Stern* in einer durchaus zu hinterfragenden Liste zu den zehn wichtigsten Ladies der Bundesrepublik zählt (u. a. mit Claudia Schiffer, Beate Uhse und Angela Merkel) kann auch Meinungs- und Spurwechsel bei anderen Themen. Sie trägt zahllose Auszeichnungen vom Bundesverdienstkreuz am Bande bis zum »Bambi«, kritisiert *Bild* endlos lange wegen der sexistischen Fast-Nackt-Fotos auf Seite 1 und lässt sich 2006 für eine Werbekampagne des Boulevardblatts einbinden. Auch in dem aufsehenerregenden Strafverfahren gegen den TV-Meteorologen Jörg Kachelmann (2010/11) wegen eines Vergewaltigungsvorwurfs verdingt sich Schwarzer als Prozess-Kolumnistin bei *Bild* mit Texten, die die juristisch gebotene Unschuldsvermutung und journalistische Fairness in Frage stellen. Kachelmann wird freigesprochen, der Springer-Verlag zu Hunderttausenden Euro Entschädigung verurteilt.

Die Anwältin für eine gerechtere (Frauen-) Welt bunkert über Jahre mehr als zwei Millionen Schwarzgeld in der Schweiz und kassiert einen hohen Strafbefehl. Und sie kann durchaus auch Männer auf ihre Seite ziehen. Als ihr 2005 die jährliche Pacht von 14.500 Euro zu hoch erscheint für den historischen FrauenMediaTurm am südlichen Kölner Rheinufer, der feministisches Archiv und Bibliothek beherbergt, will Oberbürgermeister Fritz Schramma (CDU) es mit einem symbolischen Euro gut sein lassen. Aufschrei im Stadtrat, Plan gestorben.

Bei allen Meriten von Alice: Eine jüngere Generation von kritischen Autorinnen und Frauenrechtlerinnen kann mit dem »Schwarzer-Feminismus« nicht mehr viel anfangen. »Alice im Niemandsland« nennt Miriam Gebhardt ihr Buch, auch Charlotte Roche und Bettina Röhl halten einige ihrer Thesen für überholt. Die großen Themen bleiben, Strategien und Wege ändern sich. Das zeigt sich auch in der verlustreichen *Emma*-Auflage: mehr als 55.000 im Jahre 1998, 28.014 im Januar 2017. Seither keine neuen Infos.

Alice Schwarzer ist nach 42 *Emma*-Jahren immer noch der Boss, sorry, die Herausgeberin, die Textchefin, alles wie immer. Aber mit 76 Jahren hat sie sich im Sommer 2018 eine Premiere gegönnt. Erstmals zum Standesamt, Hochzeit mit ihrer langjährigen Lebensgefährtin Bettina Flitner.

Durchs Raster gefallen:
Fatale Panne bei der Suche nach dem »Volksgefängnis« Hanns Martin Schleyers.

Erftstadt-Liblar, 7. September 1977, Wohnblock Renngraben 8

Eine gesichtslose, anonyme Wohnmaschine. 15 Stockwerke. Funktional. Eine Schlafstadt, wie sie rund um Köln in den siebziger Jahren ohne Zahl entstanden sind. Erftstadt-Liblar, Renngraben 8. Mietwohnungen: 300. Eine davon, dritte Etage, Wohnung 104, 78 Quadratmeter, drei Zimmer, hat Annerose Lottmann-Bücklers im Juli 1977 angemietet. Routine für die Hausverwaltung. Nicht ganz. Etwas war auffällig. Die Mieterin bezahlte bar, nicht nur die Kaution, sondern mehrere Mieten im Voraus, zog das Geld aus ihrer Handtasche, in der ein dickes Bündel von Hundertmarkscheinen lag.

Als Ortspolizist Hermann Schmitt davon bei einer Streife in dem Viertel am 7. September 1977 hörte, wurde er stutzig. Schmitt zögerte nicht, gab seine Beobachtungen gleich weiter an die vorgesetzte Dienststelle der Oberkreisdirektion Köln-Land, von dort weiter an die zuständige Kriminalpolizei.

In der großen Suchmaschine, der ganze Stolz von Horst Herold, Chef des Bundeskriminalamts, kamen die Informationen allerdings nicht an. Auf 15 zentnerschweren vorzeitlichen Computern hatte er 70.000 Informationen über die RAF gesammelt. Wie kein anderer hatte er sich in die Gedankenwelt der Terroristen hineinversetzt. Er war sich sicher, dass die Täter, die am späten Nachmittag des 5. Septembers in der Kölner Vincenz-Statz-Straße den Arbeitgeberpräsidenten Hanns Martin Schleyer entführt, drei Personenschützer und den Fahrer Schleyers in einem wilden Kugelhagel erschossen hatten, nicht entkommen konnten.

Er kannte die DNA der RAF, war fest davon überzeugt, dass sie ihr Opfer irgendwo im Weichbild Kölns, in einem anonymen Wohnblock mit schnellem Anschluss zu Autobahnen verstecken würden. Für Herold und seine Leute gab es keinen Zweifel, dass die Terroristen eine solche Wohnung mit Vorlauf mieten und im Voraus zahlen würden. Exakt so, wie es diese Annerose Lottmann-Bücklers getan hatte.

Wäre ihr Name in Herolds Suchmaschine PIOS (Personen, Institutionen, Objekte, Sachen) eingegeben worden, hätte sie ausgespuckt, dass diese Frau mehrfach durch den Verlust ihrer Personalausweise aufgefallen war und die Papiere vermutlich zur Schaffung einer neuen Identität an die RAF-Szene weitergegeben hatte.

Doch die Meldung von Polizeihauptmeister Schmitt wurde bei der Kripo in eine falsche Ablage gelegt und dann vergessen. Eine der fatalsten Fahndungspannen in der Geschichte der Republik. Ein Desaster für BKA-Chef Herold, der gleich nach der Entführung im Krisenstab beruhigt hatte, seiner Ringfahndung um Köln, seiner neuen Methode der Rasterfahndung könnten die Terroristen nicht entgehen.

In der Wohnung »Am Renngraben« hielt das RAF-Kommando »Siegfried Hausner« den Arbeitgeberpräsidenten fest. Die Terroristen zwangen ihn, nur mit einem Unterhemd bekleidet, eine Videobotschaft an Bundeskanzler Helmut Schmidt zu verlesen. Ihr Appell: Austausch Schleyers durch die Freilassung von elf Terroristen der ersten RAF-Generation. Gleichzeitig forderten sie, ihr Bekennerschreiben und das Fotos von Schleyer aus dem »Volksgefängnis« in der »Tagesschau« zu veröffentlichen. Der Kanzler lehnte ab. Gleich zu Beginn der Entführung ließ er eine Nachrichtensperre verhängen. Eine Freilassung der Terroristen würde es mit ihm nicht geben. Nicht noch einmal eine Erpressung durch Terroristen wie 1975 bei der Entführung des Berliner CDU-Politikers Peter Lorenz.

Aus ihrem Unterschlupf in Liblar gelang den RAF-Leuten einige Tage später die Flucht mit ihrer Geisel über Scheveningen in eine Wohnung im Brüsseler Stadtteil Sint-Pieters-Woluwe. Dort blieben sie bis zum 18. Oktober unentdeckt.

In diesen Wochen stieg der Druck auf die Regierung, die elf RAF-Terroristen frei zu lassen, ins Unermessliche. Ein vierköpfiges Terrorkommando der »Volksfront für die Befreiung Palästinas« hatte am 13. Oktober die Lufthansa-Maschine »Landshut« auf dem Flug von Mallorca nach Frankfurt gekapert und drohte mit der Erschießung der 86 Passagiere und der fünfköpfigen Crew, falls die »Kameraden« der RAF nicht umgehend auf freien Fuß kämen.

Ein Kräftemessen zwischen Staat und Terror. Eine unmenschliche Herausforderung für die Entscheider, allen voran für Kanzler Helmut Schmidt, der auch nach dieser Entwicklung nicht zum Nachgeben bereit war. Krisensitzung löst Krisensitzung ab. Alle politisch Verantwortlichen, so Innenminister Werner Maihofer, Justizminister Hans-Jochen Vogel, Oppositionsführer Helmut Kohl und der bayerische Ministerpräsident Franz Josef Strauß sind einbezogen. Der Plan: die Terrorgruppe im Flieger hinzuhalten, die Passagiere zu befreien.

Fünf Tage ist das Land in Angst. Die »Landshut« unter dem Diktat der Terrorkommandos auf Irrflug. Rom. Lanarca. Manama. Dubai. Das erste Ultimatum der Entführer läuft ab. Die Maschine liegt zwei Tage fest. Dann Aden im Jemen. Notlandung auf einer Sandpiste, weil die Regierung die Landebahn blockiert hat. Die Wut der Terroristen ist groß. Sie ahnen, dass kein Land den Flieger landen lassen will, und rächen sich mit dem Mord an Flugkapitän Jürgen Schumann. Dann lässt das ostafrikanische Somalia die Lufthansa-Maschine in Mogadischu landen.

Eingefädelt vom Sonderbeauftragten der Bundesregierung, Jürgen Wischnewski. Der hat den Somaliern umfangreiche finanzielle Hilfe zugesichert, wenn sie die deutsche Spezialtruppe GSG 9 das Flugzeug stürmen lassen. »Operation Feuerball« beginnt. Um 0.05 Uhr am 18. Oktober befreit das Sonderkommando alle Geiseln. Wischnewski meldet ins Kanzleramt: »Die Arbeit ist erledigt.«

Aufatmen. Kanzler Schmidt kann das Rücktrittsgesuch zerreißen, das er schon geschrieben hatte für den Fall, dass Lufthansa-Passagiere bei der Stürmung sterben würden.

Stunden später trifft der »Deutsche Herbst« das Land mit voller Wucht. Die Nachricht von der Befreiung ist für die bestens vernetzten RAF-Gefangenen im Hochsicherheitsgefängnis Stuttgart-Stammheim eine Niederlage: Andreas Baader, Gudrun Ensslin, Jan-Carl Raspe begehen noch in derselben Nacht Suizid. Irmgard Möller überlebt den Selbstmordversuch schwer verletzt.

Die Rache der Schleyer-Entführer folgt umgehend. Silke Maier-Witt formuliert ein zynisches Bekennerschreiben: »Wir haben nach 43 Tagen Hanns Martin Schleyers klägliche und korrupte Existenz beendet. Herr Schmidt, der in seinem Machtkalkül von Anfang an mit Schleyers Tod spekulierte, kann ihn in der Rue Charles Peguy in Mülhausen in einem grünen Audi 100 mit Bad Homburger Kennzeichen abholen.«

Mit drei Schüssen in den Hinterkopf hat das RAF-Kommando den Arbeitgeberpräsidenten brutal ermordet.

Die Tragik dieser Tage und Wochen zeigt sich in einem erschütternden Foto: Der versteinerte Kanzler Helmut Schmidt neben der Witwe Waltrude Schleyer beim Trauergottesdienst. Sie hat ihm seine Weigerung, die RAF-Terroristen auszutauschen, bis an ihr Lebensende nicht verziehen.

Die Fahndungspanne in Erftstadt ließ BKA-Chef Horst Herold nie mehr los. Er wurde angefeindet, seine Fahndungsmethoden kritisiert, 1980 bat er mit 57 Jahren um seine Pensionierung.

»...hier nicht schweigen darf...«:
Helmut Schmidt als erster deutscher Bundeskanzler in Auschwitz.

Auschwitz, 23. November 1977, ehemaliges Konzentrationslager

Als er vor den Mikrofonen steht, ist er ungewohnt angespannt. Nichts von der Fortune, mit der er öffentliche Auftritte sonst meistert. Die Mimik wirkt eingefroren. Nur die Hände zeugen von seiner Nervosität. Immer wieder fahren sie während der kurzen Rede ins Haar, betasten die Nase, greifen ans Ohr. Sie verraten die Anspannung, die das starre Gesicht verbergen möchte.

Helmut Schmidt am 23. November 1977 in Auschwitz. Als erster deutscher Bundeskanzler ist er an den Ort gekommen, der immer für das unvorstellbare deutsche Verbrechen, den Holocaust, den Mord an sechs Millionen Juden stehen wird.

Mit einer kleinen Delegation ist er zum Abschluss eines Polen-Besuchs in das größte Konzentrationslager der Nazis gekommen. Seine Frau Loki ist dabei, der SPD-Fraktionsvorsitzende Herbert Wehner und der Chef der FDP-Fraktion, Wolfgang Mischnick. Und sein Freund, der Schriftsteller Siegfried Lenz, geboren in Masuren. Auf der Rampe des Lagers Auschwitz-Birkenau, auf der Hunderttausende von Juden in den Tod selektiert wurden, haben sich der polnische Staatspräsident Edward Gierek und Helmut Schmidt die Hände gereicht. Eine ergreifende Geste der Versöhnung, die in der bundesrepublikanischen Öffentlichkeit kaum Beachtung findet. Die Greuel von Auschwitz werden in Deutschland trotz des mit großer Aufmerksamkeit verfolgten Prozesses in Frankfurt immer noch verdrängt.

Helmut Schmidt weiß um die Schwierigkeit seiner Mission. Er weiß, als er nach dem Rundgang durch das KZ zu den Mikrofonen geht, um die Unmöglichkeit, hier zu reden. Deshalb beginnt er seine Rede mit dem Satz: »Eigentlich gebietet dieser Ort zu schweigen, aber ich bin sicher, dass der deutsche Bundeskanzler hier nicht schweigen darf.« Und er fährt fort, immer wieder wie zur Selbstversicherung auf die Blätter des Redetext schauend: »An diesem Ort wird zwingend deutlich, dass Geschichte nicht nur als eine kausale Kette von Ereignissen und Handlungen verstanden werden kann, sondern dass Verantwortung und Schuld auch geschichtliche Größen sind.« An diesem Ort werde jedem klar, »dass Politik mehr ist als ein Spiel von Macht, dass Politik der moralischen Grundlage und der sittlichen Ordnung bedarf«. Auschwitz sei ein Mahnmal, aber den Deutschen stehe es nicht an zu sagen, »es sei ein Mahnmal, das zur Versöhnung mahne. Das können nur die sagen, deren Mitbürger hier gelitten haben. Wir wissen aber, dass die Wege zur Versöhnung Auschwitz nicht ausklammern können, und wir wissen, dass die Wege zur Verständigung in Auschwitz nicht enden dürfen«.

Im Gegensatz zu Deutschland fand die Rede in Polen große Beachtung, sie wurde live in den Hauptnachrichten übertragen und mehrmals in den Radiosendern wiedergegeben. Vielleicht mit einem kleinen Missverständnis. Die polnischen Gastgeber bezogen das Leiden vor allem auf ihr Volk. So eindeutig aber wollte es Schmidt nicht verstanden wissen. Er hat später ein Gespräch mit Herbert Wehner kurz nach dem Besuch des Konzentrationslagers zitiert. Der hatte auf der Rückfahrt aus Polen nach Deutschland erklärt, man müsse die Polen schon deswegen lieben, weil sie am meisten unter dem Naziterror gelitten hätten. Nein, will ihm Schmidt entgegnet haben: »Am stärksten gelitten hat das Volk der Juden. Sechs Millionen fabrikmäßig umgebrachter Juden, davon wahrscheinlich mehr als eine Million allein in Auschwitz. Das ist eine historische Last, die die Deutschen zu tragen haben.«

Während der Kniefall Willy Brandts 1970 im Warschauer Ghetto sich ins kollektive Bewusstsein der Deutschen einbrannte, war Schmidts Rede in Auschwitz bald vergessen. Die Dimension dieser historischen Schuld eröffnete sich einer breiten deutschen Öffentlichkeit erst Anfang 1979 in ihrer Grausamkeit, als die US-amerikanische Fernsehserie »Holocaust« in Deutschland ausgestrahlt wurde und mehr als 20 Millionen Fernsehzuschauer die Augen vor der sogenannten »Endlösung« nicht mehr verschließen konnten. Die Serie, die den Begriff »Holocaust« (zusammengesetzt aus den griechischen Wörtern *holos* für verbrannt und *kaustos* für vollständig) in den deutschen Sprachgebrauch einführte, empörte: die einen, weil sie sich erstmals der Verbrechen ihrer Väter und Großväter in vollem Ausmaße bewusst wurden, die anderen, weil sie diese Verbrechen immer noch nicht wahrhaben wollten und mit Anschlägen die Ausstrahlung zu verhindern suchten. Was alle bisherigen Debatten,

Veröffentlichungen, wissenschaftlichen Aufarbeitungen nicht vermocht hatten, erreichte die von Kitsch nicht freie US-Produktion. Bis in die Debatten des Bundestags strahlte sie aus. In der Haushaltsberatung am 24. Januar 1979 nahm Oppositionsführer Helmut Kohl darauf Bezug und beanspruchte: »Wir sind die Generation, die fähig sein muß, aus der Geschichte zu lernen.« Der notorische Fernsehpurist Helmut Schmidt bekannte in der selben Debatte, nur wenig von der Serie – in den USA – gesehen zu haben, bemängelte, dass manches an der Darstellung falsch sein möge, räumte allerdings ein: »Jedenfalls zwingt dieser Film zum Nachdenken, zum moralischen Nachdenken.« Der Kanzler verband dieses Nachdenken mit der Aufforderung an alle Fraktionen des Parlaments, die Verjährungsfrist für Mord aufzuheben, um die gerichtliche Verfolgung von Naziverbrechern auch weiterhin in der Bundesrepublik möglich zu machen. Er war sich sicher, mit Verdrängung sei die Schuld nicht auszulöschen, selbst wenn viele Deutsche dazu neigten. »Aber die Juden auf der Welt, ob in New York oder Tel Aviv oder Jerusalem«, so hat er noch in seinen letzten Lebensjahren im Gespräch mit seinem Freund Siegfried Lenz gemahnt, »werden dafür sorgen, dass es nicht vergessen wird«. Dieser Erkenntnis hat er sich schon an jenem Novembertag 1977 in Auschwitz gestellt.

Unterhaltung in moll: Der jüdische Entertainer Hans Rosenthal muss am 40. Jahrestag der Pogromnacht gegen seinen Willen auf Sender.

Mainz, 9. November 1978, ZDF

Eine Kleinigkeit nur, eine Unachtsamkeit? Oder eine entlarvende Entgleisung? Ein Beleg dafür, dass die Gesellschaft der siebziger Jahre immer noch die Nazi-Verbrechen verdrängte? Dass es an Sensibilität fehlte für die Opfer und Ermordeten des Nazi-Terrors?

Das ZDF wollte sich feiern: Ein Jubiläum! Die 75. Sendung von »Dalli, Dalli«. Die Unterhaltungsshow von Hans Rosenthal war ein Quotenhit des Mainzer Senders, seit ihrem Start 1971. Vor allem Rosenthals Esprit, seine Schlagfertigkeit, seine Luftsprünge – »Das war Spitze« – waren Garant dafür, dass Millionen an jedem ersten Donnerstag des Monats auf den Sofas saßen. Prominente kamen gern zum Quiz. Mit dem eingespielten Gewinn half Rosenthals Sendung Familien in Not.

Klar, dass die 75. Sendung gefeiert werden musste. Aber gegen den Sendetermin am 9. November 1978 wehrte sich Rosenthal mit Händen und Füssen. Es war zugleich der 40. Jahrestag der Pogromnacht, mit der die systematische Zerstörung jüdischen Lebens durch die Nazis begann und die in den Holocaust führte. Die Nacht, in der in ganz Deutschland Synagogen in Brand gesetzt, jüdische Geschäfte zerstört und die bürgerliche Existenz jüdischer Menschen vernichtet wurden.

An diesem Jahrestag wollte Hans Rosenthal nicht auf der Bühne den Unterhalter spielen. Schon ein Jahr vor dem Sendetermin hatte er beim ZDF interveniert und um Verschiebung gebeten. Seine Bitte wurde abgelehnt, er sei zu empfindsam. Zynismus pur. Auch die Familie des 1925 in Berlin geborenen Hans Rosenthal war Opfer der Nazis. Sein Vater starb 1937, kurz nachdem ihn die Deutsche Bank wegen seiner jüdischen Herkunft gefeuert hatte. Sein Bruder wurde in einem Konzentrationslager bei Riga ermordet. Hans Rosenthal musste seit 1940 Zwangsarbeit leisten, überlebte den Nazi-Terror durch Flucht in ein Versteck in einer Berliner Laubenpieperkolonie. Der ZDF-Vorwurf, er sei zu empfindsam, ist nicht nur unsensibel, sondern für eine öffentlich-rechtliche Sendeanstalt der Bundesrepublik eine Bankrotterklärung.

Rosenthal gab nach. Aber er protestierte still und moderierte die Sendung in einem schwarzen Anzug, verzichtete auf Schlagerunterhaltung und ließ klassische Musik einspielen. Ein Protest, der von den meisten Zuschauern nicht wahrgenommen wurde. Auch der unpassende Sendetermin an diesem Tag war in der großen Öffentlichkeit und in den Medien kein Thema. Nur eine kleine Gruppe von jungen Juden, die Mitte November in Dortmund zusammengekommen waren, um über das Thema »Das Dritte Reich, die Gegenwart und wir« zu diskutieren, thematisierte die Ausstrahlung. Sie bezeichneten die Unterhaltungssendung am Abend der Pogromnacht als »Geschmacklosigkeit«. An anderen Gedenktagen wie dem Volkstrauertag sei es doch selbstverständlich, nur ernste Sendungen ins Programm zu nehmen, klagten sie in einer Protestresolution an. Betroffen zeigten sie sich auch darüber, dass ein »jüdischer Repräsentant« die Sendung moderiert habe.

Heinz Galinski, Vorsitzender der jüdischen Gemeinde Berlins, griff die Proteste auf und beschwerte sich beim ZDF. Ohne Erfolg. Es gebe ein Recht auf Unterhaltung, ließ es Galinski abblitzen. Der Sender müsse das »Gesamtpublikum« der Zuschauer im Blick haben, hieß es in einer Stellungnahme der ZDF-Zuschauerredaktion. Es sei vertretbar, für Zuschauer, die Unterhaltung wünschten, am 9. November eine »wertneutrale Sendung« wie »Dalli Dalli« zu zeigen.

Das ZDF behauptete wahrheitswidrig, Rosenthal habe niemals gegen den Sendetermin protestiert. Das brachte ihn in der jüdischen Gemeinde in Berlin in Schwierigkeiten. Erst als der Sender sich korrigierte, legte sich der Sturm. Rosenthal blieb ein wichtiger und anerkannter Repräsentant der jüdischen Gemeinde Berlins und der vielleicht beliebteste Moderator des Zweiten Deutschen Fernsehens.

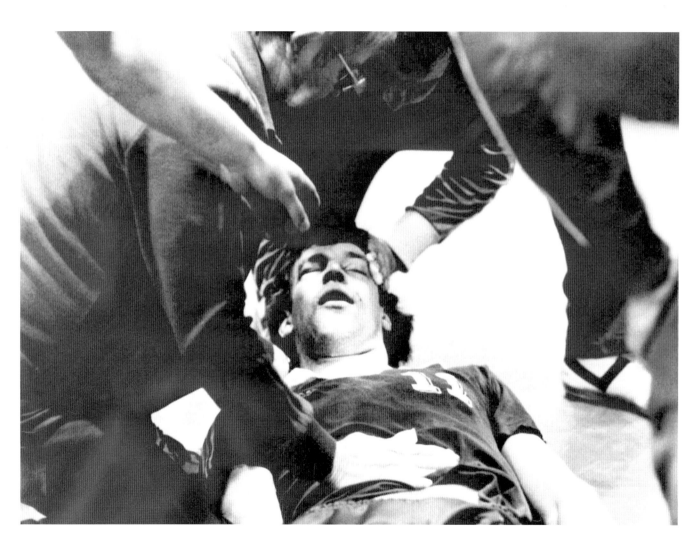

Nur Bruchteile von Sekunden: Der weltbeste Handballer Joachim Deckarm ist gestürzt.

Tatabánya, 30. März 1979, Sporthalle

Schneller handballerischer Gegenstoß. Traumwandlerisch wie immer – Brand auf Deckarm. Joachim Deckarm kurz vor dem Kreis, holt aus, will werfen, stößt zusammen mit seinem Gegenspieler Lajos Pánovics und stürzt, stürzt ungebremst mit dem Kopf auf den Betonboden der Sporthalle von Tatabánya.

Bruchteile von Sekunden, die in dieser 23. Minute des Europapokalspiels Banyasz Tatabányaya gegen den VfL Gummersbach das Leben des weltbesten Handballspielers verändern. Bruchteile von Sekunden an diesem 30. März 1979, die als schreckliches Sportunglück haften geblieben sind.

Joachim Deckarm bleibt liegen, ohne Bewusstsein, nicht ansprechbar. Schädelbasisbruch, Gehirnquetschungen. Die ärztliche Versorgung in dem ungarischen Provinzstädtchen ist dürftig. Mehr als 50 Kilometer sind es bis in eine Klinik in Budapest.

Die Mannschaft, die Fans, aber auch die ungarischen Spieler unter Schock. Jo, wie sie ihn alle nennen, ein Sportsmann, untadelig, sympathisch, geachtet überall, Aushängeschild für die Handballwelt, ist schwer verletzt.

Wie schwer, das wird sich erst zeigen, als er nach 131 Tagen aus dem Koma erwacht. Motorische Störungen, Sprachstörungen, ein Mensch, der für immer auf die Hilfe anderer angewiesen sein wird.

Joachim Deckarm wurde 1954 in Saarbrücken geboren, er war Weltmeister (1978), dreifacher deutscher Meister mit seinem VfL und zweifacher Europameister mit dem Verein. 104 Spiele absolvierte er für die Nationalmannschaft mit 308 Torerfolgen. Eine Handballlegende.

Genauso legendär ist sein Leben danach. Er gibt sich nicht auf, lässt sich nicht unterkriegen, zieht sich nicht zurück, lernt das Leben neu. Und noch etwas ist legendär, in diesem Leben danach: die Freundschaft, die Hilfe, mit denen andere ihn auf diesem Weg begleiten. Allen voran Heiner Brand, sein früherer Mannschaftskamerad in Gummersbach, in der Nationalmannschaft, Bundestrainer, Freund. »Zu meiner Herzensangelegenheit zähle ich es«, wird er auf der Webseite der Deutschen Sporthilfe zitiert, »ihm stets ein Freund und für ihn im Rahmen meiner Möglichkeiten da zu sein, wenn er mich braucht. Er wäre, nein er ist es, umgekehrt auch.«

Natürlich engagiert sich Brand im »Deckarm-Fond« der Sporthilfe, aus dem die Rehabilitation des Verunglückten zu weiten Teilen finanziert wird. Aber die Freundschaft geht weit über den finanziellen Aspekt hinaus. Wie selbstverständlich gehört Jo Deckarm immer dazu, wenn sich ehemalige Spieler treffen. Ob beim Ball des Sports oder bei wichtigen Handball-Events. Ein Höhepunkt: Als die Handballer bei der WM 2019 am 19. Januar in der Kölner Lanxess-Arena gegen Island spielen, ist Jo Deckarm zu seinem 65. Geburtstag als Ehrengast geladen – und 20.000 Zuschauer singen für ihn »Happy Birthday«.

Apropos Freundschaft: Alle, ja selbst die eigenen Mitspieler waren in jenen Unglücksminuten von Tatabanya überzeugt, Lajos Pánovics sei für den Sturz Deckarms durch ein grobes Foul verantwortlich. Alle machten ihm Vorwürfe, der Ungar litt, litt unter dem Verdacht, den großen Sportsmann niedergerissen und dessen Sturz billigend in Kauf genommen zu haben. Erst die Zeitlupe, die er sich immer wieder anschaute, brachte Entlastung, ohne ihn von dem Schock befreien zu können. Er war nicht schuld, es war ein unglücklicher Zufall. Das signalisierten auch die Gummersbacher. Nicht nur kurz nach dem Spiel, sondern sie wollten es ihm auch Jahre später beweisen, indem sie ihn zu einem Pokalspiel des VfL einluden. Der Ungar wusste, er würde auch Jo Deckarm begegnen. »Ich hatte Angst«, beschrieb er später seine Gefühle, »aber ich wollte ihn unbedingt treffen«. Ein bewegender »Wahnsinnsmoment« sei das gewesen: »Als ich vor ihm stand, erhob er sich und sagte: ›Lajos, ich weiß, was passiert ist. Ich bin dir nicht böse‹.«

Annas Mutter: Marianne Bachmeier auf dem Weg zu ihrem Prozess.

Lübeck, 7. März 1981, Schwurgericht

Kurz vor elf Uhr betritt die schlanke, hochgewachsene Frau in einem weiten schwarzen Mantel den Großen Saal des Lübecker Schwurgerichts. Dritter Verhandlungstag im Prozess gegen den Metzger Klaus Grabowski. Gleich zu Beginn des Verfahrens hat er gestanden, die siebenjährige Anna missbraucht und getötet zu haben. Wort- und regungslos hat sich die attraktive brünette Frau, Annas Mutter, das Geständnis angehört. An diesem 7. März 1981 soll sie selbst als Zeugin vernommen werden. Sie hat sich dagegen gewehrt. Vergeblich. Jetzt entzieht sie sich ihrer Aussage auf dramatische Art. Zielstrebig geht sie auf den Angeklagten zu, der mit dem Rücken zum Publikum sitzt, zieht aus ihrer Manteltasche eine Pistole vom Typ Beretta und schießt achtmal. Fünfmal trifft sie den vermutlichen Mörder ihrer Tochter in den Rücken und tötet ihn. Schade, dass sie ihn nur in den Rücken und nicht in Gesicht schießen konnte, wird sie später sagen. Dass sie nicht noch brutaler – von Angesicht zu Angesicht – das Leben des Sexualtäters Grabowski beenden konnte.

Eine Tat von archaischer Wucht. Spontane Verzweiflung einer trauernden Mutter oder kaltblütiger Mord einer Frau, die sich der Schuld, die eigene Tochter nicht genügend behütet zu haben, entledigen wollte? Die spektakuläre Tat der Marianne Bachmeier spaltet die Gesellschaft. Die einen verehren die »Rachemutter« als mutig, überschütten sie mit Komplimenten und Blumen für ihren Willensakt; die anderen werfen ihr vor, als Mutter versagt und deshalb zur Selbstjustiz gegriffen zu haben. Eine Tat, die weit über Lübeck hinaus für Aufmerksamkeit und Aufregung sorgt. Die Urteile über »die Bachmeier« sind in der Öffentlichkeit längst gefällt, als der Prozess wegen Mordes gegen sie am 2. November 1982 vor der Schwurgerichtskammer des Landgerichts Lübeck beginnt.

Journalisten und Kamerateams aus aller Welt wollten dabei sein, als das Gericht in 28 Verhandlungstagen über die Schuld der 32-jährigen Angeklagten berät. Einer

Frau, die nicht ins Raster der bürgerlichen Buddenbrooks-Stadt passt. Kneipenwirtin des ganz und gar nicht bürgerlichen Altstadtlokals »Wolkensein«. Eine Frau, der Drogenkonsum nicht fremd ist. Eine Mutter, die ihre ersten beiden Kinder zur Adoption freigibt, die sich um Anna nicht gerade liebevoll gekümmert hat, nicht kümmern konnte.

Das Leben von »Annas Mutter«, so der Titel einer 13-teiligen Serie des *Stern*, ist öffentlich in allen Höhen und Tiefen durchleuchtet, bevor das Gericht sie zu ihrem Leben befragen kann. In Untersuchungshaft hat sie gegen ein Honorar von 100.000 Mark dem Reporter Heiko Gebhardt ihre Version der Tat und ihres Wegs dorthin erzählt. Ein einmaliger, spektakulärer Vorgang, der dem der Einmaligkeit ihrer Selbstjustiz in nichts nachstand. In bis dahin nicht gekannter Akribie werfen die Medien sich zu Verstehern oder Vernichtern Bachmeiers auf, sind Vorverurteiler, Verteidiger oder Ankläger.

Marianne Bachmeier wird so sehr zur Kultfigur stilisiert, dass sie sich diesem Bild im Prozess nicht mehr entziehen kann. Eine coole Schönheit, die mit ihren Auftritten vor Gericht verstört und fasziniert. Schon zu Beginn des Prozesses ist klar, dass sie auch filmisch zu einer Person der Zeitgeschichte inszeniert werden soll. Zwei Filmemacher verfolgen das Geschehen im Gerichtssaal als Tatort für eine Lebensgeschichte. Kurz nach dem Urteil laufen in den Kinos die Streifen von Burkhard Driest »Annas Mutter« und Hark Bohms seriösere Version »Marianne Bachmeier – Keine Zeit für Tränen«. Filme, die allerdings an der wirklichen Wirklichkeit der Marianne Bachmeier scheitern.

Ob auch die Justiz an der spektakulären Tat Bachmeiers und ihrer Persönlichkeit scheitert, bleibt immer offen. Die Verteidiger erreichen im Prozess, dass das Gericht vom Vorwurf des Mordes abrückt. Kein geplanter Mord, sondern Totschlag im Affekt, dazu unerlaubter Waffenbesitz, lautet das Urteil. Sechs Jahre Haft. Drei Jahre davon muss sie verbüßen, bevor sie begnadigt wird. Marianne Bachmeier selbst gibt Jahre später Anlass, an der vom Gericht erkannten Version ihrer Tat zu zweifeln. Sie habe die Tötung von Annas Mörder akribisch vorbereitet, mit Schießübungen den Umgang mit der Beretta geprobt und sei davon überzeugt, selbst Recht sprechen zu müssen.

Eine erneute Inszenierung eines Lebens, das ohne Inszenierung nicht mehr auskommen wollte und konnte? »Ein Leben ohne Begnadigung«, titelt die *Zeit*, als Marianne Bachmeier mit 46 Jahren 1996 in einem Krankenhaus in Lübeck an einer Krebserkrankung stirbt. Ein Kamerateam des NDR dokumentiert dieses Ende. Auch ihr eigenes Sterben hat sie inszeniert.

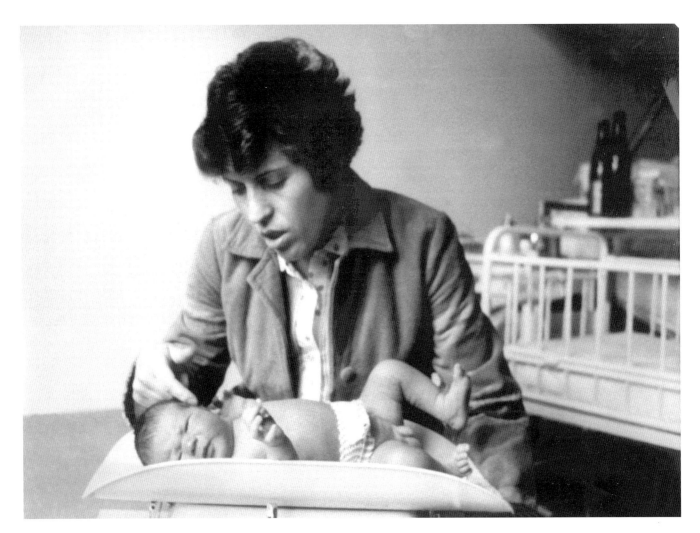

4150 Gramm, 53 Zentimeter: Oliver – das »Wunderkind von Erlangen«.

Erlangen, 16. April 1982, Universitätsklinik

Oliver, 4.150 Gramm schwer, 53 Zentimeter groß, ist ein kerngesundes Baby. Stolz zeigt seine Mutter, eine Schneiderin aus dem oberfränkischen Örtchen Langensendelbach, ihren Erstgeborenen den Kameras. Boulevardzeitungen bejubeln Oliver als »Wunderkind von Erlangen«. Er kommt am 16. April 1982 in der Uniklinik zur Welt – für die einen ein gefeierter medizinischer Erfolg, für den Augsburger Bischof Josef Stimpfle ein Ereignis, das schlimmer ist als die Entwicklung der Atombombe.

Deutschland ist tief gespalten. Medizin und Medien feiern die Geburt des ersten »Retortenbabys« in Deutschland als Sensation. Konservative und vor allem die katholische Kirche auf der einen, aber auch Feministinnen auf der anderen Seite sehen in der Kunst der medizinischen Wissenschaft vor allem einen unzulässigen Eingriff in das Wunder der Geburt.

Das Ärzteteam um den Erlanger Gynäkologen Siegfried Trotnow holt mit Olivers Geburt einen Vorsprung auf, in dem sich britische Kollegen schon seit Jahren sonnen. Medizinforscher um den Biologen Robert Edwards konnten sich längst der ersten In-vitro-Fertilisation, der künstlichen Verbindung von männlichen Samen und weiblichen Eizellen in der Petrischale rühmen. Die Geburt von Louise Brown am 25. Juli 1978 wurde als Jahrhundertereignis, aber auch als Dammbruch begriffen, nicht nur in Großbritannien.

Bis zu dieser weltweit beachteten Sensation musste sich Edwards in mehr als einem Jahrzehnt Forschung gegen viele Widerstände durchsetzen. Der 1929 in Manchester geborene Wissenschaftler ließ sich von Warnungen, mit seiner Methode auch Kindstötung in Kauf zu nehmen, nicht abhalten. Er beharrte darauf, Frauen und Männern ihren Kinderwunsch zu ermöglichen. Trotzig erwiderte er seinen Kritikern: »Dogmen, entweder kommunistischen oder christlichen Ursprungs, die in die Biologie eingedrungen sind, haben nichts als Schaden angerichtet.«

Als Edwards 2010, mehr als 20 Jahre nach der Geburt des ersten künstlich gezeugten Babys, den Nobelpreis für Medizin erhielt, waren weltweit mehr als vier Millionen Kinder dank seiner Arbeit geboren worden. Das Nobelkomitee begründete seine Entscheidung damit, durch Edwards »Meilenstein« in der Forschung sei »die Behandlung von Unfruchtbarkeit« für ungezählt unglückliche Paare möglich geworden. Der Augsburger Bischof Anton Losinger, der die katholische Kirche im Deutschen Ethikrat vertrat, kritisierte den Nobelpreis als eine »Art Heiligsprechung« für künstliche Geburten. Die internationale Vereinigung katholischer Ärzte räumte ein, dass die Forschung von Edwards vielen Paaren Glück gebracht habe. Dennoch: Bei der künstlichen Befruchtung würden Embryonen vernichtet und nicht als menschliche Wesen, sondern als »nützliche Mittel« missbraucht.

Louise Brown war hocherfreut über die Auszeichnung für ihren »Schöpfer«. Immer wieder hat sie sich mit ihm getroffen; sie führt ein Leben als öffentliche Person und will – gemeinsam mit ihren Eltern – beweisen, dass sie ein ganz normaler Mensch ist. Diesen Rummel gibt es um Oliver M. seit seiner Geburt nicht mehr. Seine Eltern und er wählten den umgekehrten Weg, Normalität zu demonstrieren: in Abgeschiedenheit und Anonymität. Die deutsche Öffentlichkeit hat das schnell akzeptiert.

Nicht Sissi: Romy Schneider und Gangster-Regisseur Burkhard Driest beim Talkshow-Flirt.

Paris, 29. Mai 1982, Wohnung von Romy Schneider

Burkhard Driest. Burkhard wer? Ein gut aussehender Kerl aus bürgerlichem Hause, ein intelligenter Bösewicht. Kurz vor seinem juristischen Staatsexamen überfällt er in Norddeutschland eine Bank. Fünf Jahre Knast, drei davon abgesessen. Das Leben hinter Gittern beschreibt er unter dem Buchtitel »Die Verrohung des Franz Blum«. Tendenz: Die Gesellschaft ist schuld. 1974 die Verfilmung. »So schön sind im deutschen Film die Fressen noch nie poliert worden«, meint der *Spiegel,* »steril, ohne Mut zu Phantasie« die *Zeit.* Driest hat also einen Namen, bekannt wie ein bunter Hund ist er einem größeren Publikum nicht. Das ändert sich über Nacht.

Köln, Ende Oktober 1974, Talkshow »Je schöner der Abend«. Erster Gast von Dietmar Schönherr ist der Boxer Bubi Scholz, dann betritt Romy Schneider, aus Nizza eingeflogen, wo sie gerade den Chabrol-Film »Die Unschuldigen mit den schmutzigen Händen« dreht, das Studio. Bildschön, perfekt geschminkt, eine schwarze Baskenkappe verdeckt das Haar, sehr scheu. Das Gespräch ist nur wenige Minuten alt, bis der Satz fällt: »Ich bin nicht Sissi.« Sissi – ihr ewiger Schatten. Drei Sissi-Filme, als sie blutjung ist. Kassen- und Welterfolge. In Deutschland ihr ewiges Markenzeichen, dem sie nicht entkommt.

Nächster Gast: der braungebrannte Lederjackentyp Burkhard Driest. Der redet und redet. Über seinen Roman, über seine Rolle in der Verfilmung, über sein Image als Brutalo, die miese soziale Situation vieler Schauspieler. Romy hängt an seinen Lippen, noch eine Zigarette. Die rechte Hand wandert in Richtung Driest. Dann berührt sie ihn am Arm und haucht ihm zu: »Sie gefallen mir. Sie gefallen mir sehr!« Sensation! Die Boulevardpresse überschlägt sich. »Ex-Bankräuber verdreht dem Superstar den Kopf« – »Millionen sahen Romy Schneiders Liebe zu einem Ex-Zuchthäusler« – »Romy blieb die ganze Nacht bei dem wilden Burkhard« – »Eine ungewöhnliche Romanze.«

Eine Beziehung wird aus dem erotischen Kurzschluss vor den Fernsehkameras nicht, beide kehren zurück in ihr anderes Leben. In ihre Biografien aber sind diese Minuten eingebrannt. Burkhard Driest, bald erfolgreich als Schriftsteller, Schauspieler und Drehbuchautor, ist für immer der irre Typ, der Romy Schneider verführte. Keine Story in den Gazetten über ihn, in der diese Szene nicht vorkommt. Und Romy hat einmal mehr gezeigt, sie ist wirklich nicht »die Sissi«...

Der große Anfangserfolg ihrer Karriere, die mit 15 Jahren begann, als kindliche Kaiserin in der leicht kitschigen Mär vom Wiener Kaiserpaar Franz-Joseph und Elisabeth, ist ihr längst eine Hassrolle geworden. Die drei Sissi-Filme sind bis in die Jetztzeit so populär, dass sie über die Weihnachtstage des Jahres 2018 in der ARD mit mehreren Sendeterminen laufen. Schon 1958, nicht einmal 20 Jahre alt, flieht Romy Schneider nach Frankreich, an der Seite eines unbekannten, attraktiven Schauspielers – Alain Delon, den sie bei Dreharbeiten kennengelernt hat und der bald ein Weltstar ist. Eine große Liebe, die schnell scheitert. Wie ihre Ehe mit Harry Meyen, Vater ihres Sohnes David Christopher, und ihre Ehe mit Daniel Biasini, Vater ihrer Tochter Sarah. Ihr Privatleben schwankt in steilen Kurven zwischen Glück und Verzweiflung. »Im Film kann ich alles, im Leben nichts«, resümiert sie einmal.

Ihre Karriere geht in Frankreich steil nach oben. Romy Schneider spielt Charakterfilmrollen mit den berühmtesten Regisseuren, mit Luchino Visconti (der sie in Paris auch auf die Theaterbühne holt in dem Drama »Schade dass sie eine Dirne ist«), Claude Chabrol, Otto Preminger, Henri Georges Clouzot und immer wieder mit Claude Sautet, bekommt fünfmal den höchsten Filmpreis »César«, wird mit Filmbändern, Bambis und Golden Globes ausgezeichnet. In Deutschland arbeitet sie mit Heinrich Böll bei der Verfilmung von dessen Roman »Gruppenbild mit Dame«.

1969 steht sie in »Swimmingpool« wieder mit Alain Delon vor der Kamera, der sie so schnöde verlassen hat. Der Boulevard wittert eine Neuauflage der Romanze. »Ich empfinde nichts«, kontert Romy, »es fühlt sich an, als umarme ich einen Stein.« Es gibt viele Dokumente ihrer inneren Einsamkeit, dieser »Königin der Schmerzen« (*Spiegel*). Sie schreibt bittere Briefe, oft nicht abgeschickt, auch an Böll, die ihren Seelenzustand zeichnen. Und sie haderte mit den verachteten Medien, die ihrem Privatleben immer nahe sind: »Das meiste, was über mich geschrieben wird, sind Lügen.«

Und dann der tragische Schicksalsschlag: Ihr 14 Jahre alter Sohn David stürzt beim Überklettern eines großen Gartentors in dessen Eisenspitzen ab und stirbt. Seine Mutter ist zu dieser Zeit seit langem alkohol- und tablettenabhängig und in finanziellen Nöten. In Quiberon, einem Badeort an der bretonischen Atlantikküste, sucht sie schon vor dieser Tragödie im Februar 1981 Erholung und Heilung. Romy empfängt dort den berühmten *Stern*-Fotografen Robert Lebeck, mit dem sie freundschaftlich verbunden ist, und dessen Reporterkollegen Michel Jürgs. Drei Tage lang reden, diskutieren, fotografieren sie, trinken sie. Es geht meist heiter, aber nicht nur friedlich zu. Und wieder zeigt sich eine unglückliche Romy: »Was gebe ich den Menschen schon außer Sissi, immer wieder Sissi...« »Im Grunde«, wird Lebeck in seinen Erinnerungen schreiben, »war unsere Besuch ein verlogener Handel. Wir wollten ein Interview, sie wollte ein Gespräch. Sie brauchte Halt, ich brauchte Fotos.« Niemand ahnt, dass sie nur noch ein Jahr zu leben hat.

Aus dem Interview entsteht viele Jahre später auch der berührende, hochgelobte Film »Drei Tage in Quiberon«, seit Herbst 2018 in den Kinos.

Nach dem Tod von David steht Romy ein letztes Mal vor der Kamera: »Die Spaziergängerin von Sans-Souci«, wieder mit Michel Piccoli. Sie spielt großartig, wird wieder – posthum – einen César gewinnen, aber ihr schönes Antlitz kann ihre Trauer nicht verbergen. Ihr Lebensgefährte Laurent Pétin findet sie am Morgen des 29. Mai 1982 tot an ihrem Schreibtisch in der gemeinsamen Pariser Wohnung. Viele Details sprechen gegen einen Suizid, »Herzversagen« steht auf dem Totenschein. »Gebrochenes Herz«, schreiben Reporter. Alain Delon, ihre erste große Liebe, organisiert ihre Beerdigung in Boissy-sans-Avoir und lässt auch David in ihr Grab umbetten.

Romy Schneider ist viele Jahre nach ihrem Tod ein Mythos: eine großartige Mimin, ein schöne, erfolgreiche, eine unglückliche Frau. Sissi ist aus ihrer Biografie nicht auszumerzen...

Landschaftspfleger: Eberhard von Brauchitsch und Friedrich Karl Flick spendabel.

Köln, 1981, Dom-Parkhaus

Lange mussten die Autoren um die Veröffentlichung der Geschichte kämpfen. *Spiegel*-Herausgeber Rudolf Augstein persönlich warf den fertigen Text kurz vor dem Andruck aus dem Heft. Der sonst so unerschrockene Oberaufklärer der Nation wollte an das Thema nicht ran. Aus gutem Grund: Sein Parteifreund, Wirtschaftsminister Graf Lambsdorff (FDP), hatte von den Recherchen Wind bekommen und Augstein gewarnt, die Geschichte bringe nur Ärger – auch ihm persönlich als großzügigem Parteispender – und wenn sie erscheine, dann lasse er ihn und den ganzen *Spiegel* hochgehen.

Dirk Koch, *Spiegel*-Urgestein, langjähriger Bonner Büroleiter des Magazin, eine journalistische Instanz der Bonner Republik, beschreibt in seinem Buch »Der ambulante Schlachthof« eindrucksvoll, wie die Aufdeckung eines der größten Skandale des Landes, als »Flick-Affäre« in den Köpfen noch präsent, im Keim erstickt werden sollte.

»Mehrere Tage lang hat man mich bearbeitet«, schreibt Koch. »Mittags schon ging's in eine skandinavische Kneipe beim SPIEGEL-Hauptquartier, Chefredakteur Erich Böhme ist mitgekommen, und man hat gegessen, hat über Politik und über Politiker geredet, hat Bier und Linie Aquavit getrunken, nicht wenig, wie üblich mit den beiden.«

Dann der erste Trick Augsteins. Er bot dem viel jüngeren Koch das Du an. Der zweite, er versprach Koch ein hübsches Sümmchen aus »seiner Privatschatulle«, falls er die Geschichte einfach vergessen würde. Koch blieb stur, Augstein auch. Die Story lag über Wochen auf Eis. Bis Koch mit seinen Leuten aus Bonn den großen Hammer herausholen konnte. »Wir in Bonn haben weiter recherchiert. Bis wir dann herausgefunden haben, dass die Spitzenleute der Bonner Parteien SPD, FDP, CDU/CSU, Regierung wie Opposition, den Staatsstreich von oben planten.« Was er denn damit meine, wollte Augstein wissen. Und Koch, kurz und knapp in seinem Buch: »Amnestie, klammheimlich. Die wollten sich alle selbst straffrei stellen. Vorbei an Verfassung und Gesetzen. Illegale Spenden, Steuerhinterziehung, Vorteilsgewährung, Vorteilsnahme, Bestechung und Bestechlichkeit, alles und alle, Politiker wie Beamte und reiche Unternehmer sollten in einem gemeinsamen Gesetzentwurf von CDU/CSU, FDP und SPD in einem Aufwasch straffrei gestellt, das Grundgesetz geändert, die Hunderte Ermittlungsverfahren von der Staatsanwaltschaft gestoppt werden.«

Das Eisen, auf das die Bonner *Spiegel*-Leute gestoßen waren, war brennend heiß geworden – und Augstein knickte ein. Am 7. Dezember 1981 veröffentlichte das Magazin den Stand seiner Recherchen unter dem Titel: »Dann kann man sie nicht mehr hängen.«

Es war der Startschuss zu einem Politkrimi, der das Land fast ein Jahrzehnt in Atem hielt. Und wie im Krimi hatte Koch die ersten Hinweise auf die Geschichte im Sommer 1981 bekommen, als ihm im Dom-Parkhaus in Köln ein anonymer Anrufer einen Packen hochbrisanter Akten mit Anfangsverdächtigungen übergeben hatte.

Welcher Sumpf sich da aufgetan hatte, wurde erst richtig offensichtlich, als die Bonner Staatsanwaltschaft zwei Jahre später, im Dezember 1983, Anklage erhob und Wirtschaftsminister Graf Lambsdorff und andere der Bestechlichkeit beschuldigte. Eine juristische Bombe, die der *Spiegel* journalistisch noch brisanter machte, als er nach der Ankündigung der Staatsanwälte das Buch »Die gekaufte Republik« auf den Markt brachte und »die Geschichte des Skandals mit vielen bislang unbekannten Einzelheiten« erzählte.

Begonnen hatte alles mit einem Aktiengeschäft. Als der Flick-Konzern 1975 Aktienanteile der Daimler-Benz AG an die Deutsche Bank in einem Wert von 1,9 Milliarden Mark verkaufte, stellte Flick-Manager Eberhard von Brauchitsch einen Antrag auf Befreiung der aus dem Geschäft angefallenen Steuersumme von 986 Millionen Mark. Der Antrag wurde vom Wirtschaftsministerium genehmigt. Und plötzlich flossen aus den schwarzen Kassen des Konzerns Millionen an alle Parteien im Bundestag. »Politische Landschaftspflege« nannte von Brauchitsch die Praxis, bei der CSU-Chef Franz Josef Strauß 950.000 Mark kassierte, Bundeswirtschaftsminister Otto Graf Lambsdorff 165.000 Mark. Der CDU-Vorsitzende Helmut Kohl war mit

565.000 Mark dabei, der SPD-Politiker und Bundesfinanzminister Hans Matthöfer mit 40.000 Mark. Zur Verschleierung wurden die Summen teilweise über parteinahe Organisationen abgewickelt.

Der Prozess vor dem Landgericht Bonn gegen die Hauptangeklagten Otto Graf Lambsdorff, Hans Friderichs und Eberhard von Brauchitsch zog sich über eineinhalb Jahre hin und endete 1987 mit einer Verurteilung zu dreijähriger Haft auf Bewährung für von Brauchitsch, mit einer Geldstrafe wegen Steuerhinterziehung und Beihilfe zur Steuerhinterziehung für Friderichs und Graf Lambsdorff.

Lambsdorff musste zuvor als Wirtschaftsminister zurücktreten. Bundeskanzler Helmut Kohl geriet ins Visier, weil ihm Falschaussage vorgeworfen wurde. CDU-Generalsekretär Heiner Geißler entschuldigte ihn mit dem historisch gewordenen Hinweis, der Kanzler habe einen Blackout gehabt.

Dass der Skandal ans Licht kam, war der Unabhängigkeit und Hartnäckigkeit der Ermittlungsbeamten zu verdanken. Und ganz besonders der unnachgiebigen Recherche des Bonner *Spiegel*-Büros, vor allem seines Chefs, wie Augstein später eingestehen musste: »... Dirk Koch, der die Chefredaktion ständig bedrängt hat, die staatstragenden Stützen der Republik zu schleifen. Nur widerstrebend habe ich mich seiner Argumentation gebeugt, die ich im Grunde doch für richtig halten mußte.«

Falsche Spur: Das Schwulenlokal Tom Tom und die Kiesling-Affäre.

Köln, September 1983, Lokal Tom Tom

Dem Minister war unbehaglich. Immer wieder unterbrach er sein Gegenüber, hakte nach, wollte Details wissen. Seit einem knappen Jahr war Manfred Wörner im Amt. Der erste Verteidigungsminister der Republik, der in der Bundeswehr gedient hatte. Obwohl »weißer Jahrgang«, der keinen Grundwehrdienst ableisten musste, brachte er es über Wehrübungen bis zum Luftwaffen-Oberstleutnant der Reserve. Ein schneidiger Starfighter-Pilot, fest überzeugt, als erster Minister die Truppe wirklich verstehen und führen zu können. Einer, der seit seinem Einzug in den Bundestag 1966 auf dieses Amt hingearbeitet hatte. Die Ernennung zum Ressortchef nach der Kohlschen Wende 1982 war für ihn die Erfüllung eines Lebenstraums, dem er sich mit unbändigem Stolz hingab.

Manfred Wörner wollte die Schlagkraft der Truppe erhöhen, ihre Anerkennung im NATO-Verbund steigern, um gerade bei den US-Partnern seinem Ruf als Oberatlantiker der Republik Ehre zu machen. Und nun dieses Dilemma. In seinem Büro auf der Bonner Hardthöhe saß ihm am 14. September Brigadegeneral Helmut Behrendt, gerade zum Chef des Militärischen Abschirmdienstes (MAD, der damals noch Amt für Sicherheit der Bundeswehr hieß) ernannt, zum Antrittsbesuch gegenüber und berichtete nicht über eine großartige Truppe, sondern über angebliche Verstrickungen des ranghöchsten deutschen NATO-Generals Günter Kießling. Dieser introvertierte, ganz und gar unschneidige Offizier sei nach Unterlagen, die in Behrendts Amt zusammengestellt worden waren, in dem Kölner Schwulenlokal »Tom Tom« in der Hühnergasse der Altstadt mit Strichjungen beobachtet worden. Befeuert wurde das Gerücht durch Stimmungsmache aus der NATO-Zentrale in Brüssel, deren oberster Befehlshaber für Europa, US-General Bernard Rogers, mit seinem deutschen Stellvertreter, dem Viersterne-General Kießling, offenbar über Kreuz lag.

Nach den Notizen, die der Adjutant Wörners, Oberst Ulf Schönbohm, über das Gespräch machte, konnte sich Wörner die Vorwürfe nicht vorstellen. Er wollte nicht glauben, dass »Gen. Dr. K.«, wie Schönbohm den Namen Kießlings umschrieb, sich Strichjungen gekauft hatte. »Keine Affäre Fritsch«, sollen dem Minister ungute Erinnerungen gekommen sein: Dem Oberbefehlshaber des Heeres, Werner von Fritsch, hatte die Gestapo 1938 mit hohen Strafen belegte Homosexualität vorgeworfen, seine Entlassung erwirkt und wenige Monate später wegen einer Verwechslung den Freispruch von Fritsch hinnehmen müssen. Wörner fürchtete, einem ähnlichen Irrtum zu erliegen.

Doch diesem ersten Instinkt, den der Militärhistoriker Klaus Stockmann durch die Notizen Schönbohms glaubt belegen zu können, folgte Wörner nicht lange, getrieben von Hinweisen des MAD-Chefs, eine Verwechslung sei ausgeschlossen, weitere Recherchen aber seien zu riskant, um den Schutz der Zeugen aus der Stricher-Szene nicht zu gefährden. Aus Sicht des MAD musste dringend gehandelt werden.

Der Minister wollte sicher gehen. Er ließ sich im Ministerium auf ein Gespräch mit angeblichen Zeugen aus der Szene ein. Und die bestätigten, der General war im »Tom Tom«. Günter oder Jürgen habe er sich genannt und behauptet, in der Bundeswehr eine gewichtige Rolle zu spielen. Generalinspekteur Wolfgang Altenburg ließ Kiesling aus Fürstenfeldbruck ins Bonner Ministerium einfliegen und konfrontierte ihn mit den Vorwürfen. Der General gab ihm und dem Minister sein Ehrenwort, dass an den Anschuldigungen nichts dran sei. Wörner vertraute den Aussagen aus der Homoszene mehr und entließ Kießling unehrenhaft. »Mir liegen eindeutige Erkenntnisse vor«, erklärte er vor der Presse, »die den dringenden Tatverdacht begründen, dass der Betroffene sich in einem Milieu bewegt hat, das bei einem so exponierten Geheimnisträger ein hohes Sicherheitsrisiko begründet.«

Spiegel-Herausgeber Rudolf Augstein blieb wie andere prominente Journalisten skeptisch: »Sollte er rehabilitiert werden, wäre das so, als wolle man dem Seeräuber Störtebecker den Kopf wieder auf den Rumpf setzen, nachdem man ihn zuvor abgehackt hatte.«

Was dem MAD und dem Minister als erwiesen galt, entlarvten ebenfalls Journalisten als Irrtum. Das Kölner Boulevardblatt *Express* fand heraus, dass die angeblichen Zeugen aus der Szene einem Doppelgänger auf den Leim gegangen waren. Während sie den Journalisten im »Tom Tom« beteuerten, Kießling noch vor wenigen

Tagen in diesem Lokal gesehen zu haben, stellte sich heraus, dass der General gar nicht in Köln gewesen sein konnte. Er befand sich zu diesem Zeitpunkt im Bundeswehrkrankenhaus in München.

Ein Desaster für Manfred Wörner und die Kohl-Regierung. Die unehrenhafte Entlassung, gegen die Kießling rechtlich vorging, musste aufgehoben werden. Wörner hatte sich lächerlich gemacht. »Ein Minister der Selbstverteidigung«, lästerte der SPD-Vorsitzende Willy Brandt im Bundestag. Alle Anschuldigungen gegen Kießling lösten sich als Schlampereien des MAD auf, wie ein Untersuchungsausschuss des Bundestags eindrucksvoll belegte.

Die politische Zukunft Wörners hing am seidenen Faden. Doch trotz massiver Rücktrittsforderungen aus Opposition und Presse hielt Helmut Kohl an seinem Verteidigungsminister fest, wies ihn aber an, den entlassenen Günter Kießling am 1. Februar 1984 wieder in Amt und Würden zu setzen. Der General blieb noch zwei Monate, bevor er um seine Entlassung bat. Er wurde ehrenhaft mit einem Großen Zapfenstreich verabschiedet, neben ihm auf dem winzigen Podest der angeschlagene Verteidigungsminister. Der stieg 1988 zum ersten deutschen NATO-Generalsekretär in Brüssel auf.

Der Privatmann Günter Kießling lebte in Rendsburg und gründete eine Stiftung zur Pflege bundeswehreigener Tradition. Er starb 2009. Bei der Abschiedsfeier mit militärischem Zeremoniell hielt Generalinspekteur Wolfgang Schneiderhan im Beisein vieler hochrangiger Soldaten die Trauerrede.

Himmel über der Ruhr: Smogschande im Pott.

Ruhrgebiet, 18. Januar 1985, Luftraum

Es ist wie verhext, zweifach verhext. Ein grauer, bissiger Dunst, der das Revier von Duisburg im Westen bis Dortmund im Osten an diesem Mittwoch einhüllt, lacht offensichtlich Hohn über die Imagewerber des Kommunalverbands Ruhr. Die stellen an jenem 16. Januar 1985 eine breit angelegte, Millionen D-Mark schwere Kampagne vor, die der Republik ein zeitgemäßes Bild des Ruhrgebiets »jenseits von Rauch, Ruß und Hochöfen« präsentieren soll. Die Visionen der Essener Revier-Lobbyisten passen nicht zu der Käseglocke aus Abgasen von Fabriken, Kraftwerken und Autos, die von warmer Luft in der Höhe nach unten gedrückt wird und nicht abziehen kann. Sie passen auch nicht zu der »Vorwarnung«, mit der in Düsseldorf NRW-Gesundheitsminister Friedhelm Farthmann die Bevölkerung im Stundentakt über Rundfunk auffordern lässt, »alles zu unterlassen, was im besonderen Maße zur Luftverunreinigung beitragen kann«.

Bei der Vorwarnung bleibt es nicht. Nicht nur, weil die giftige Nebelsuppe immer dicker wird, die Inversionswetterlage sich nicht auflöst, sondern auch weil – verhext – von Mittwoch auf Donnerstag um Mitternacht, eine neue Smogverordnung der Landesregierung in Kraft tritt. Die hat die Verschmutzungsgrenzwerte für Einschränkungen in Industrie und Verkehr zum Schutz für die Bevölkerung drastisch herab gesenkt.

Nichts geht mehr am Freitag, dem 18. Januar, als in der Bundesrepublik zum ersten Mal Smogalarmstufe 3 ausgerufen und jeglicher private Autoverkehr in großen Teilen des Reviers gestoppt wird. Gespenstisch leere Straßen, die die im Dunst versinkenden Städte in den frühen Morgenstunden noch unwirklicher aussehen lassen. Die *Westfälische Rundschau* fühlt sich an die Nachkriegszeit erinnert, »als das Auto noch nicht zur Selbstverständlichkeit gehörte«. Krankenhäuser bunkern Sauerstoffvorräte, Familien mit Kleinkindern suchen Zuflucht im vermeintlich unbelasteten

Münsterland, die Bahn bietet Sonderzüge ins Hochsauerland an, das über der Smogglocke in freundlichem Sonnenlicht liegt. Rundfunkreporter streunen durch Dortmunder Straßen, um »zusammengebrochene Smogopfer« aufzustöbern. Das Ruhrgebiet zwischen Krisenstimmung und Unverständnis. Hatten Rauch und Ruß nicht Jahrzehnte zum Alltag gehört, ohne dass sich jemand darum scherte? Waren danach nicht schon genug Vorkehrungen, Umweltmaßnahmen getroffen worden, seit Willy Brandt den Menschen im Pott Anfang der sechziger Jahre einen »sauberen Himmel über der Ruhr« prophezeit hatte?

Der WDR heizt die Verunsicherung noch an, als er Donnerstagsabends den Wolfgang-Menge-Klassiker von 1973 »Smog« sendet. Eine Pseudo-Dokumentation, in der das Umweltgift ungezählte Verletzte und Tote fordert. Vorlage für das Horrorszenario war eine Inversionswetterlage im Dezember 1952 über London, deren Smog mehr als 4.000 Todesopfer forderte. »Panikmache« tobten Hunderte von Anrufern bei dem Sender, als ihre stinkend neblige Realität von der Fiktion à la Menge getoppt wurde.

Tiefe Depression überkam viele Repräsentanten des Reviers, als die einstige Herzkammer der deutschen Industrie als Drecksloch der Republik verspottet wurde. Ein Urgestein aus dem Ruhrpott, der langjährige Chefredakteur der *Westfälischen Rundschau*, Günter Hammer, saß fassungslos vor seinen Redakteuren und haderte mit dem Gewirr von Grenzwerten, Gesundheitswarnungen und dem Eindruck, dass die dicke Luft nur das Revier erfasst habe. Leise bis laute Wut befiel die Landespolitiker von CDU und SPD gleichermaßen, als ihnen Christdemokraten aus der Bonner Regierung vorwarfen, diese Umweltkatastrophe sei eine Quittung für die Weigerung, Kohlekraftwerke durch Atomenergie zu ersetzen. Die NRW-Akteure klagten den für Umwelt zuständigen CSU-Bundesinnenminister Friedrich Zimmermann an, der immer noch zögerte, Katalysatoren in PKW vorschreiben zu lassen. Das war in anderen Industriestaaten längst Pflicht.

Was im Januar 1985 als größte Umweltkatastrophe Deutschlands durch die Medien geisterte, war in Wahrheit die Folge einer vorsorgenden, konsequent auf den Schutz der Bevölkerung setzenden Umweltpolitik. Als einziges Bundesland hatte NRW die Beschlüsse der Landes-Umwelt- und Gesundheitsminister vom Vorjahr in

Verordnungen umgesetzt. Damals war allen Verantwortlichen klar, dass die Grenzwerte für Alarmfälle und damit Einschränkungen in Verkehr und Industrie drastisch gesenkt werden müssten, sollten Gesundheitsgefährdungen oder gar Todesfälle vermieden werden. Aber die meisten Länder ließen sich Zeit.

Da es keine neuen, dem Gesundheitsschutz der Bevölkerung dienenden Maßnahmen gab, ging das Leben bei ähnlich hohen Schwefelstickoxidwerten wie im Revier in großen Teilen Hessens, Niedersachsens oder Hamburgs weiter, als gäbe es keinen Smog. Das lag nicht nur an der fehlenden politischen Umsetzung der Beschlüsse der Umweltministerkonferenz: Vielerorts waren nicht einmal Messinstrumente zur Hand. Wo gemessen wurde, zeigte sich, dass das gefährliche Schwefelgebräu in der Luft kein Alleinstellungsmerkmal des Ruhrgebiets war. Die Werte zeigten eine Verdreckung fast der gesamten kontinentalen Luftmasse.

Als die Luft wieder rein war, verflogen auch Ärger und Scham der Revierbürger über die vermeintliche Smogschande ihrer Region. Sie schenkten NRW-Gesundheitsminister Friedhelm Farthmann gern Glauben. Der Unterschied zu anderen Landstrichen in Deutschland sei nicht die schlechtere Luft an Rhein und Ruhr, sondern, so der Minister: »Wir haben die besseren Gesetze.«

Unter Tränen um eine Absage gekämpft: US-Präsident Reagan wollte nicht auf diesen Friedhof.

Bitburg, 5. Mai 1985, Soldatenfriedhof

Das Votum des Repräsentantenhauses war eindeutig. Eine überwältigende Mehrheit von 390 Abgeordneten forderte US-Präsident Ronald Reagan auf, bei seinem Staatsbesuch in Deutschland Anfang Mai 1985 auf einen Besuch des Soldatenfriedhofs Kolmeshöhe in Bitburg zu verzichten. Für die US-Medien war der Eifelort schlicht eine »Nazi Town«, seit sie festgestellt hatten, dass auf dem Friedhof nicht nur rund 2.000 Wehrmachtsangehörige, sondern auch 43 Mitglieder der Waffen-SS begraben lagen.

Bundeskanzler Helmut Kohl hatte den Friedhof in seinem Heimatland Rheinland-Pfalz höchstpersönlich ausgesucht, um über den Gräbern der deutschen Soldaten, die in der Ardennenschlacht im Frühjahr 1945 gefallen waren, 40 Jahre nach Kriegsende die Versöhnung mit den Amerikanern zu inszenieren. So wie er ein Jahr zuvor in Verdun mit François Mitterrand die Versöhnung mit Frankreich zelebriert hatte. Die Bilder, auf denen der französische Staatspräsident und der bundesdeutsche Kanzler Hand in Hand am Grauensort des Ersten Weltkriegs gestanden hatten, waren zu beider Genugtuung um die Welt gegangen.

Kohl wollte jetzt ein »amerikanisches Verdun«, wie Bundespräsident Richard von Weizsäcker über den Plan des Kanzlers spottete. Zwischen Präsidialamt und Kanzleramt gab es ein zähes Ringen um das Gedenken zum 40-jährigen Kriegsende im Umfeld des 8. Mai. Kohl wollte großen Bahnhof, mit Festansprachen und einer Messe im Kölner Dom. Weizsäcker hielt dagegen.

In den Plan des Kanzlers, Bitburg mit Reagan am 5. Mai zu besuchen, war das Staatsoberhaupt lange nicht eingebunden. Dagegen hatte Kohl den Besuch mit dem US-Präsidenten akribisch geplant. Zunächst hatte er ihn überredet, an den Weltwirtschaftsgipfel in Bonn vom 2. bis 4. Mai 1985 einen offiziellen Staatsbesuch anzuhängen und die Luft in Kohls Heimatregion zu schnuppern. Die Pfalz, Hambacher Schloss und eben Bitburg.

Reagan, als Schauspieler verliebt in große Gesten, gefiel die Idee, sich auf dem Friedhof als großer Versöhner in Szene zu setzen. Bis zu jenem Zeitpunkt, als die US-Medien Gräber mit SS-Runen in Bitburg ausmachten und dem Präsidenten in einer Kampagne vorwarfen, sich mit Nazis gemein zu machen. Der Gegenwind war so harsch, dass er kurz vor dem Abflug nach Deutschland unter Tränen – wie kolportiert wurde – Kohl um Verzicht auf diesen Programmpunkt bat.

Der aber hätte das als persönliche Niederlage empfunden. Nachgeben wollte er nicht. Denn auch in Deutschland hatte sich Widerstand gegen den Plan formiert. Renommierte Denker und Wissenschaftler, wie der Historiker Heinrich August Winkler oder der Philosoph Herbert Marcuse, kritisierten das Vorhaben scharf. Als »Gespenst von Bitburg« beschrieb Winkler Kohls Geschichtsverständnis, das international auf großes Unverständnis stoße und als Kontrapunkt zu jener »Demutsgeste« verstanden werde, die der sozialdemokratische Kanzler Willy Brandt 1970 mit dem Kniefall von Warschau gezeigt habe. Nur die Tatsache, dass noch ein Besuch Reagans und Kohls im ehemaligen Konzentrationslager Bergen-Belsen ins Programm genommen worden war, habe den »makabren Eindruck verhindert, »die Bundesrepublik und die Vereinigten Staaten von Amerika hätten sich darauf verständigt, den Zweiten Weltkrieg fortan als europäischen Normalkrieg zu betrachten«.

Wenn auch nicht zum Verzicht, so führten die amerikanischen und deutschen Attacken doch zu einer Änderung der Zeremonie auf dem Friedhof. Statt über den Gräbern sprach Reagan auf der nahe gelegenen US-Airbase, statt großer Gesten ein knapper Rundgang auf der Kolmeshöhe. Der geplante große Versöhnungsakt bekam fast peinliche Züge.

Zum Desaster für Kohl wurde die Bitburger »Märchenstunde«, wie *der Spiegel* lästerte, drei Tage später. Zum 40. Jahrestag des Kriegsendes, am 8. Mai 1985, führte Bundespräsident Richard von Weizsäcker dem Historiker Kohl in einer auch international berühmt gewordenen Rede vor, dass zur Erinnerung an Krieg und Nazigrauen für Deutschland vor allem eines sinnstiftend sei: »Der 8. Mai war ein Tag der Befreiung!« Seit diesem gefeierten Auftritt des Staatsoberhaupts war das Verhältnis der beiden zerrüttet.

Ein Nachsatz noch zur angeblichen »Nazi Town«. Der Rummel hat das Städtchen geschockt. Und völlig unverständlich blieb in dem Eifelort, warum die 43 Gräber von Waffen-SS-Soldaten plötzlich zu einem weltpolitischen Problem geworden waren. Jahr für Jahr hatten die Repräsentanten der Stadt gemeinsam mit deutschen, amerikanischen und französischen Militärs zum Volkstrauertag Kränze auf dem »Ehrenfriedhof« niedergelegt, ohne dass die Gräber der meist jugendlichen Waffen-SS-Leute eine Rolle spielten. Auch sie waren doch Opfer. Mit diesem Argument übrigens hatte Willy Brandt im Vorfeld von Bitburg die Wogen zu glätten gesucht. Einige Tage vor der Reagan-Visite hatte er, der »in dieser Hinsicht so uneingeschränkt glaubwürdige Mann«, wie der *Spiegel* schrieb, bei einem Besuch in New York erklärt: Auf Soldatenfriedhöfen liegen vor allem Opfer, Opfer des Krieges, Opfer der Nazis. Opfer selbst dann, wenn sie die Uniform der Waffen-SS trugen.

Bobele und Brezeln: Die triumphale Rückkehr von Boris Becker mit Trainer Günther Bosch in die Heimat.

Leimen, 12. Juli 1985, Bäckerei Weber

Plötzlich hieß der Jungstar Bobele. Aber eigentlich ging es gar nicht um ihn, sondern um die Brezeln der Bäckerei Weber. Deren Chef Helmut Weber wollte vorbereitet sein auf den Ansturm, wenn der 17-jährige Boris Becker fünf Tage nach seinem sensationellen Wimbledon-Erfolg im Triumphzug in seine Heimatstadt Leimen zurückkehrte. Ein Freitag. Die Kinder in dem 17.000 Einwohner- Städtchen in der Nähe von Heidelberg hatten schulfrei, Hundertschaften von Journalisten waren angereist, um aus der Heimat des »German Wunderkind« zu berichten. Zehntausende Besucher und Fans drängten sich, um Becker und seinem Trainer Günther Bosch, beide in blütenweißen Hemden in offenem Coupé, zuzujubeln. Und Bäckermeister Weber hatte eine geniale Geschäftsidee. Er nannte seine Brezeln Becker-Brezeln, kurz Bobele – für Boris Becker Leimen.

Die Idee kam an. Die Brezel wurde für Jahre Namensgeber und Kosename für das rothaarige Ausnahmetalent – rund um den Globus. Nur wusste kaum jemand, dass die Idee aus der Backstube stammte. Seit Sonntag, dem 12. Juli 1985, als Boris Becker um 17.26 Uhr einen unerreichbaren Aufschlag ins Feld seines Finalgegners Kevin Curren knallte und als jüngster Spieler der Tennisgeschichte die Krone von Wimbledon gewann, stand Leimen, stand der dortige TC Blau Weiß als Geburtsort für ein Wunder, für die Kaderschmiede des größten deutschen Tennisspielers der Nachkriegszeit.

Leimen und Becker, Becker und Leimen, waren Chiffren für einen Tennis-Boom, wie ihn das Land nie gekannt hatte. Mehr als 11 Millionen Zuschauer hatten den strahlenden Sommer-Sonntagnachmittag vor dem Fernseher verbracht und sich von der Faszination Tennis anstecken lassen. Boris Becker war ein Vorbild, dem Hunderttausende von Jungspielern nacheiferten. Die Tennisclubs konnten sich vor Anmeldungen kaum retten. Und alle glaubten, den Tennisschläger zum Bobele-Erfolg im Gepäck zu haben.

Als Boris ein Jahr später seinen Erfolg in Wimbledon wiederholte, war Leimen wieder außer Rand und Band. Doch das Idol Becker hatte längst Starallüren entwickelt und ließ die Fans beim erneuten Triumphzug durchs Heimatstädtchen erst einmal lange warten. Die Welt hatte sich vor seinen Erfolgen verneigt. Da war der Eintrag ins Goldene Buch des Städtchens schon Provinzkram.

Aber Leimen, das »Walhalla des deutschen Tennis«, wie der *Spiegel* schrieb, hatte längst einen zweiten Weltstar hervorgebracht. Wie Becker wurde auch Steffi Graf dort im Leistungszentrum für Tennis für ihre Weltkarriere geformt. Bobele, Steffi, Leimen. Der letzte deutsche Tennisstar, der dort trainiert wurde, war Anke Huber.

Der Boom ist seit Jahrzehnten vorbei. Die Zeiten, in denen *ARD* und *ZDF* bei jedem großen Turnier mit Live-Übertragungen dabei waren, Geschichte.

Brezeln gibt es in Leimen immer noch, aber eben Brezeln, keine Bobeles mehr.

Der Müll, die Stadt und der Tod: Der Kampf um Fassbinders Skandalstück.

Frankfurt, 31. Oktober 1985, Alte Oper

Auf einer Toilette im Wiesbadener Kurhaus kam er im Sommer 1984 mit dem Text erstmals in Berührung. Er blätterte das 50-seitige Skript durch und blieb an einem Satz hängen, der ihm die Kehle zuschnürte. »Wär er geblieben, wo er herkam, oder hätten sie ihn vergast, ich könnte heute ruhiger schlafen!«

Dieser eine Satz war Initialzündung für Ignatz Bubis, stellvertretender Vorsitzender im Zentralrat der Juden Deutschlands, sich einer Aufführung des Theaterstücks von Rainer Werner Fassbinder »Der Müll, die Stadt und der Tod« in Frankfurt mit allen Mitteln zu widersetzen. Es war nicht der sozialkritische Aspekt, mit dem der um keine Provokation verlegene Filme- und Theatermacher die Machenschaften von Baulöwen und Immobilienhaien im Frankfurter Westend der siebziger Jahre angriff und den »Häuserkampf« der protestierenden Linken und Kommunisten verteidigte. Bubis, als Bauspekulant in Frankfurt nicht nur in der Hausbesetzerszene verhasst, protestierte gegen das Klischee vom gesichts- und geschichtslosen »reichen Juden«, der in Fassbinders Stück als Hauptschuldiger ausgemacht wurde.

Fassbinder hatte das Stück in seiner Zeit als Mitintendant am Frankfurter Theater am Turm (TaT) in der Spielzeit 1974/75 nach der Romanvorlage »Die Erde ist so unbewohnbar wie der Mond« von Gerhard Zwerenz für eine Inszenierung am TaT geschrieben. Dazu kam es jedoch bis zu seinem Tod 1982 nicht. Da er verfügt hatte, dass die Deutschland-Premiere nur in Frankfurt stattfinden dürfe, suchten die Kulturverantwortlichen, allen voran Ulrich Schwab, der Intendant der Alten Oper, nach einer Lösung. Sie boten 1984 ausgerechnet der Jüdischen Gemeinde an, es als geschlossene Veranstaltung für geladene Mitglieder im Gemeindesaal der Gemeinschaft aufzuführen. »Mir war sofort klar«, schreibt Bubis in seiner Autobiografie, »dass die Idee mit der Aufführung im Gemeindesaal ein Trick von Schwab war, um das Stück wenigstens einmal in Frankfurt auf die Bühne zu bekommen, damit es damit für alle Bühnen frei würde. Gleichzeitig dacht ich, wenn jemand ... um die Einwilligung bittet, dieses Stück in unseren Räumlichkeiten vor geschlossener Gesellschaft aufführen zu dürfen, dann muß er auch damit rechnen, daß wir nein sagen. Und das taten wir dann auch.«

Schwabs Plan, das Stück dann eben in der Alten Oper aufzuführen, scheiterte, weil sich Magistrat und Aufsichtsrat der Bühnen von ihm hintergangen fühlten und ihn fristlos entließen. Doch auch sein Nachfolger, der ehemalige FAZ-Feuilletonchef Günther Rühle, gab den Plan nicht auf. Endlich, am 31. Oktober 1985, sollte die Uraufführung trotz erheblicher Bedenken der Stadtoberen in der Alten Oper stattfinden.

Die Debatte war aufgeheizt. Die Jüdische Gemeinde fühlte sich diskriminiert durch Szenen wie jene, in denen Fassbinder den Hauptdarsteller sagen lässt: »Ich kauf alte Häuser in dieser Stadt, reiße sie ab, baue neue, die verkaufe ich gut. Die Stadt beschützt mich, das muß sie. Zudem bin ich Jude! Der Polizeipräsident ist mein Freund, wie einer nur ein Freund sein kann. Der Bürgermeister lädt mich ein. Die ganze Verwaltung steht hinter mir. Die Stadt braucht den skrupellosen Geschäftsmann, der ihr ermöglicht, sich zu verändern.«

Die Stadt, in Person von CDU-Oberbürgermeister Walter Wallmann, duckte sich weg. Zwar fand er das Stück schlecht, gar antisemitisch, das lediglich deshalb aufgeführt werden könne, weil der Autor der berühmte Fassbinder war. Aber kein Verbot: »Zensur zerstört die Geistesfreiheit und damit zugleich die politische Freiheit eines demokratischen Gemeinwesens. Damit aber würde auch unseren jüdischen Mitbürgern Freiheit und Sicherheit genommen!« Die Sicherheit der jüdischen Mitbürger hatte Intendant Rühle als Befürworter der Inszenierung wohl kaum im Sinn, als er im November 1985 das Stück mit dem Satz verteidigte: »Auch der Jude muß wieder kritisierbar sein ... nicht ewig in einem Schonbezirk gehalten werden.«

Da war die Inszenierung längst geplatzt. Als sie am Abend des 31. Oktobers in den Kammerspielen der Oper beginnen sollte, waren Hunderte von Demonstranten vor Ort. Die Polizei hatte Absperrgitter auf dem Vorplatz aufgebaut, konnte aber nicht verhindern, dass drinnen Ignatz Bubis, der Kulturreferent der Jüdischen Gemeinde Frankfurt, Michel Friedmann, und etwa 25 Mitglieder der Gemeinde die

Bühne besetzten und ein Transparent mit dem Slogan »Subventionierter Antisemitismus« ausrollten. Sie machten klar, dass sie notfalls bis zum frühen Morgen bleiben würden, um die Aufführung zu verhindern. Hilmar Hoffmann, der legendäre Kulturdezernent der Stadt, der in dem Streit um die Aufführung nie klar Stellung bezogen hatte, versuchte zu vermitteln und die Protestler zu überzeugen, dass die Inszenierung in guten Händen sei. Die Schauspieler verlasen eine Erklärung, dass sie in dem Stück keinen Antisemitismus erkennen könnten. Es fruchtete nichts. Bubis und seine Leute blieben hart. Obwohl oder gerade weil sich auch im Publikum die Stimmung gegen sie aufgeschaukelt hatte. Der Grüne Daniel Cohn-Bendit, selbst Spross einer jüdischen Familie, warf den Besetzern Rechtsbruch vor. Grünen-Vorstandsmitglied Jutta Ditfurth hielt ein Transparent hoch mit dem Spruch: »Spekulanten protegieren, Nazi-Jünger ehren, Meinungsfreiheit verwehren.«

Gegen 22.30 Uhr war das Spektakel vorbei, die Inszenierung geschmissen. Aus der Ankündigung von Intendant Rühle, einen zweiten Versuch am 13. November zu starten, wurde nichts mehr. Einen Tag zuvor entschied Kulturdezernent Hofmann, dass es in Frankfurt keine weiteren Aufführungsversuche mehr geben werde.

Nicht nur in Frankfurt, in ganz Deutschland ist es über Jahrzehnte bei diesem Aufführungsverzicht geblieben, bevor »Der Müll, die Stadt und der Tod« im Oktober 2009 an der Provinzbühne in Mülheim/Ruhr gespielt wurde. Inszeniert von dem Italiener Roberto Ciulli, wurde das Stück von 250 Zuschauern gefeiert. Allerdings äußerte die *Frankfurter Rundschau*, in den achtziger Jahren vehemente Verfechterin der Aufführung in Frankfurt, Zweifel, ob der Mülheimer Tabubruch Nachahmer finden würde. Denn: »Einen nachhaltigen Eindruck hinterlässt Rainer Werner Fassbinder als Dramatiker letztlich nicht.«

Charismatiker im freien Fall: Jähes Ende einer Instanz.

Köln, 20. Dezember 1987, WDR

Der Sturz war tief. Aber der Mann mit der hohen Stirn, der dunklen Brille und der sonoren Stimme inszenierte sein Ende an diesem 20. Dezember 1987, als gehe es ihn nichts an. Sonntags um zwölf, *ARD*. Pflichttermin für politikversessene Hörer und Fernsehzuschauer seit 1952 – seit Werner Höfer, der auch schon in jungen Jahren der Republik weise wirkende Moderator, die Sendung »Internationaler Frühschoppen« erfunden hatte.

Sonntag für Sonntag lieferte der 1913 in Kaiseresch geborene Journalist, Theater- und Zeitungswissenschaftler Politikerklärung für jeden. Bevor der Sonntagsbraten im Wirtschaftswunderland auf den Tisch kam, erst die Debatte mit einer international besetzten Journalistenrunde. Und mit Werner Höfer, dem Mann, der zur Interpretation nationaler und internationaler Krisen immer die besten Medienvertreter versammelte. Der »Internationale Frühschoppen« war Instanz, Urmutter aller Talkshows. Und Werner Höfer, ein charismatischer Talkmaster – lange bevor es diesen Titel im deutschen Fernsehen gab. Oft zog er einmal mehr an der Zigarette, genoss einen Schluck Riesling, bevor er der Runde dezidiert seine Meinung kundtat. Er hatte immer eine und war so von sich überzeugt, dass er damit nicht kokettieren musste. Er musste nicht Recht behalten, weil er in seinem Bewusstsein immer Recht hatte.

Nie gönnte er sich eine Auszeit. Urlaub von seinem Sendungsbewusstsein gab es nur von Sonntagnachmittag zum kommenden Samstag. Ausspannen für ein paar Tage auf Sylt. Um dann die Republik wieder mit kritischem Diskurs aus internationaler Sicht zu überziehen. Die Sendung war sein Markenzeichen. Er prägte wie kaum ein anderer den Aufbau des *WDR* als Regionalsender, schuf dessen drittes Fernsehprogramm, wurde sein Leiter und, von 1972 bis 1977, Fernsehdirektor des *WDR*. Eine steile Karriere, die er in den siebziger Jahren am liebsten mit der Berufung als Intendant gekrönt hätte. Das Amt blieb ihm verwehrt.

Vielleicht, weil schon zu jener Zeit seine Vergangenheit als Journalist während des Nationalsozialismus Fragen aufwarf. Dass er bereits 1933 in die NSDAP eingetreten war, wusste man. Dass er, vom Wehrdienst freigestellt, 1941 Pressereferent der paramilitärischen Organisation Todt, eines nationalsozialistischen Bautrupps wurde und, als freier Journalist, Rezensionen für die von den Nazis geführte Berliner Zeitung *Das 12-Uhr-Blatt* sowie für die NS-Propagandazeitschrift »*Das Reich*« schrieb, auch. Eine Zusammenarbeit mit dem Nationalsozialismus, wie sie von vielen Journalisten, die im Nachkriegsdeutschland Karriere machten, bekannt war und stillschweigend hingenommen wurde.

Erste Hinweise, dass es sich bei den Beiträgen Höfers für die Nazi-Blätter nicht nur um harmlose Feuilletons gehandelt hatte, lieferte 1962 die Kommission für Agitation und Propaganda beim Zentralkomitee der SED. Sie veröffentlichte einen Artikel Höfers im *12-Uhr-Blatt* vom 20. September 1943, in dem er für die Hinrichtung des jungen Pianisten Karlrobert Kreiten wegen Wehrkraftzersetzung Verständnis zeigte. Der 27-jährige war zum Tode verurteilt worden, weil er am von den Nazis propagierten Endsieg Zweifel hegte. In Höfers Artikel hieß es dazu: »Es dürfte heute niemand Verständnis dafür haben, daß einem Künstler, der fehlte, eher verziehen würde als dem letzten gestrauchelten Volksgenossen. Das Volk fordert vielmehr, dass gerade der Künstler mit seiner verfeinerten Sensibilität und seiner weithin wirkenden Autorität so ehrlich und tapfer seine Pflicht tut, wie jeder seiner unbekannten Kameraden aus anderen Gebieten der Arbeit. Denn gerade Prominenz verpflichtet.«

Da die Vorwürfe aus der Propagandaschmiede der DDR kamen, nahm man sie zunächst nicht wirklich ernst. Es reichte zur Entlastung, dass Höfer äußerte, solche Passagen habe man in seinen Text hineinredigiert. Bei dieser Version blieb er auch, als Ende der siebziger Jahre *Welt* und *Bild* die Vorwürfe konkretisierten. Er sei kein Widerstandskämpfer gewesen, räumte er ein, aber ein Schreibtischtäter auch nicht.

Erst als der *Spiegel* im Dezember 1987 mit Unterstützung eines Klassenkameraden von Karlrobert Kreiten durch neues Material die Version Höfers entkräftete, sein Text sei von der Zensur verändert worden, war das Karriereende des Mannes, der 1943 die »Hinrichtungshymne« auf den 27-jährigen Pianisten geschrieben hatte, nicht mehr abzuwenden. Auch deshalb nicht, weil der sonst so pointiert argumentierende Fernsehmann voller Ignoranz nicht über seine Verfehlungen sprechen wollte.

Eine Woche nach der *Spiegel*-Veröffentlichung lud er, als sei nichts gewesen, zu einem »Frühschoppen« zur Stahlkrise im Ruhrgebiet ein. Geladene Gäste wie Günter Hammer, Chefredakteur der Ruhrgebietszeitung *Westfälische Rundschau* und langjähriges Mitglied im *WDR*-Verwaltungsrat, wollten nur ins Kölner Funkhaus kommen, wenn Höfer zu Beginn der Sendung eine Erklärung zu seinen NS-Veröffentlichungen abgegeben würde. Der ließ sie abfahren.

Ein alter, uneinsichtiger Mann, der nicht wahrhaben wollte, dass ihn seine NS-Vergangenheit 44 Jahre später eingeholt hatte. Er gab sich wie ein unabhängiger Beobachter der eigenen Verfehlungen. »Ja, die Weihnachtszeit ist eine Zeit der Überraschungen, der angenehmen wie der unangenehmen. Diese Runde bleibt davon nicht verschont.« So leitete er den »Frühschoppen« Nummer 1.847 ein. Es sollte sein letzter werden.

Der WDR entband ihn von der Moderation. Das war nicht nur das Berufsende Höfers, sondern auch das des »Frühschoppens«. Denn auf diesen Titel hatte der Mann, der den Deutschen über Jahrzehnte Politik erklärt und nahegebracht hatte, das Copyright.

Vorrevolutionäre Zeiten: Die Brücke der Solidarität kann den Strukturwandel nicht aufhalten.

Rheinhausen, 10. Dezember 1987, Brücke der Solidarität

Der rote Stahlbogen der Brücke ist weithin sichtbar. Ein trutzig-trotziges Symbol über dem Rhein. Eine Konstruktion, mit der sich die Kruppianer von Duisburg-Rheinhausen im Nachkriegsdeutschland ein Denkmal setzten. Stahl als Zeichen der Macht, Lebenselixier des Reviers. Das Krupp-Stahlwerk Rheinhausen, ein industriegeschichtliches Bollwerk, fast 100 Jahre Stolz und Lebensversicherung für Millionen von Stahlwerkern und ihre Familien.

Der rote Stahlbogen, Relikt und wehmütige Erinnerung an gute Zeiten, an Auflehnung, an Kampf. Eine, nein *die* »Brücke der Solidarität«, die an den Niedergang einer Region erinnert. Am 10. Dezember 1987 wurde sie von mehr als 10.000 Stahlwerkern und Duisburgern blockiert, um ein Zeichen zu setzen gegen die geplante Schließung des größten, traditionsreichsten und für den Standort Deutschland symbolträchtigsten Stahlwerks.

Die Stimmung war »vorrevolutionär«, wie Friedhelm Farthmann, SPD-Fraktionsvorsitzender im Düsseldorfer Landtag, in diesen Dezembertagen warnte. Aufgeladen wie noch kein Arbeitskampf zuvor in der Geschichte der Bundesrepublik. Die Belegschaft war fest entschlossen, den »Vorstand von Thyssen-Krupp in die Knie zu zwingen«. Zufällig hatte der Betriebsrat im November erfahren, dass das Krupp-Werk 1988 geschlossen und profitable Produktionen Mannesmann oder Thyssen zugeschlagen werden sollten.

Nach Tagen der Depression sagten mehr als 10.000 Stahlkocher Krupp-Chef Gerhard Cromme bei einer Betriebsversammlung am 30. November den Kampf an. Einige von ihnen zogen noch in der Nacht zur Rheinbrücke, um sie zu blockieren. Am nächsten Tag waren es schon Hunderte, und am 10. Dezember legten dann Tausende den Verkehr im westlichen Ruhrgebiet lahm. Ein in der Geschichte der Bundesrepublik beispielloser Aufstand begann.

Die Stahlwerker fühlten sich alleingelassen von der Politik und der sie vertretenden IG-Metall. Unterstützt von Bürgern, Kirchen, Kohlekumpeln setzten sie das Revier dann in Aufruhr. Von Gottesdiensten auf dem Stahlwerkgelände, Protestmärschen in die Landeshauptstadt Düsseldorf, Mahnwachen in der Bundeshauptstadt Bonn bis zu einer unendlich langen Menschen- und Lichterkette von Duisburg bis Dortmund setzten sie alle Hebel in Bewegung, um das drohende Aus zu verhindern.

Heiligabend feierten Tausende von Kruppianern mit ihren Familien vor Tor Eins des Stahlwerks eine Christmette, die bundesweit im Fernsehen übertragen wurde: Der Kampf der Stahlwerker fand quer durch das Land Beachtung und Unterstützung. Unbestrittener emotionaler Höhepunkt war das AufRuhr-Festival am 20. Februar im Walzwerk. 47.000 Menschen kamen, die Creme der Liedermacher und Künstler zeigte ihre Solidarität beim bis dahin größten Indoor-Festival in Deutschland. Einen Tag vor einer Krisensitzung der Bonner Regierung zur Stahlkrise am 24. Februar, demonstrierten 80.000 Menschen unter dem Motto »Tausend Feuer im Revier« und bildeten eine Menschenkette durch den ganzen Ruhrpott.

Doch der Kampf war nicht zu gewinnen. Am 3. Mai 1988 wurde durch Vermittlung von NRW-Ministerpräsident Johannes Rau ein zeitlicher Puffer erreicht. Der Kompromiss, so Rau, sei ein »Zeichen der Hoffnung und Zuversicht«. Die Stahlarbeiter sahen es anders. Sie fühlten sich besonders von ihrer Gewerkschaft IG-Metall im Stich gelassen. Und Betriebsratschef Manfred Bruckschen blieb nur, sich bei der Belegschaft zu bedanken für die Geschlossenheit im Kampf. Statt der sofortigen Schließung erhielten die Kruppianer eine Galgenfrist bis zum August 1993. Dann war es mit dem Stahlwerk – über fast ein Jahrhundert der Stolz von Rheinhausen – vorbei. Der Gebäudekomplex wurde Ende der neunziger Jahre gesprengt. Geblieben ist als Erinnerung die Brücke der Solidarität, eine Erinnerung auch an einen der intensivsten Arbeitskämpfe der Republik.

Geiselnahme als Event: Eine Stele erinnert an den Tod der entführten Silke Bischoff.

Bad Honnef/Linz, 18. August 1988, A3 Kilometer 37,5

Der Blick schweift hinüber zum Siebengebirge. Vielleicht auf den dominierenden Ölberg. Wenn das Tempo nicht zu hoch ist, mit dem täglich Tausende Autofahrer die A3 Richtung Süden bei der Ausfahrt Bad Honnef/Linz passieren. Die Linde, die am Autobahnrand bei Kilometer 37,5 steht, nehmen sie kaum wahr. Auch nicht die Stele im Schatten des Baumes. Eine Bronzeskulptur des Künstlers Franz Hämmerle. Ein kompakter Block, der sich nach oben öffnet. Es scheint, als reckten sich zwei Arme flehend in den Himmel. Durchsiebt von 62 Löchern, die für 62 Geschosse stehen, mit denen hier – wenige Kilometer von dem beschaulichen Örtchen Aegidienberg entfernt – in den Mittagsstunden des 18. August 1988 das Geiseldrama von Gladbeck endete. Die Geisel Silke Bischoff, 19 Jahre jung, starb durch die Kugeln ihrer Entführer.

Ein Drama, das die Republik zwei Tage in Atem hielt. Ein Drama, für das die Bankräuber Dieter Degowski und Hans-Jürgen Rösner, eine überforderte Polizei und beschämend agierende Medien das Drehbuch schrieben. Ein Drama, in dem neben Silke Bischoff auch ein Polizist und der 15-jährige Emanuele de Giorgi getötet wurden. Eine Geschichte, in der selbstherrliche Kriminalbeamte und durchgeknallte Journalisten einen Kriminalfall als Event für ihre Leser, Zuhörer und Fernsehzuschauer inszenierten.

Ein Regelverstoß, der einen Vorgeschmack darauf gab, was dann im Zeitalter der sogenannten sozialen Medien zum Selbstverständnis des Gaffertums wurde. Medien, nicht als Berichterstatter, sondern als Handelnde, denen die Schlagzeile mehr gilt als Seriosität. Das Geiseldrama von Gladbeck war ein Dammbruch, den der Fernsehmacher Wolfgang Menge schon ein gutes Jahrzehnt zuvor hellseherisch vorausgeahnt und mit seinem »Millionenspiel« inszeniert hatte. Eine Geschichte, in dem im Kampf um Quoten und Auflagen ein Verbrechen live im Fernsehen aufgeführt wurde.

Die Verbrechertour begann am 16. August kurz vor acht mit einem Banküberfall in Gladbeck. Als die Bank von Polizisten umstellt war, nahmen die Gangster zwei Angestellte als Geiseln. Schon hier begann der journalistische Irrsinn, als ein *RTL*-Reporter in der Bank anrief, um die Täter zu interviewen. Abends konnten die mit einem von der Polizei präparierten Wagen die Flucht durch die halbe Republik starten. Mit ständig wechselnden Autos, Geiseln – und immer Journalisten im Gefolge. Ein Verbrechen als Road Movie.

Eine Story, mehrfach verfilmt, von mehreren Fernsehsendern dokumentiert, ein Drama an krimineller Energie und Staatsversagen.

Drei Szenen sind es vor allem, die von diesen Augusttagen haften geblieben sind. Die brutale Rammszene auf der A3, nahe der zum Gedächtnis gepflanzten Linde, an der Beamte des SEK den BMW der Geiselnehmer Degowski und Rösner außer Gefecht setzen sollten und heillos überfordert schienen. Bilder, zufällig festgehalten von einem Fotografen des *Bonner General-Anzeiger.* Nie ganz ausgeräumt wurde die Vermutung, dass die NRW-Behörden den Zugriff selbst vollstrecken wollten, um zu beweisen, Herr der Lage zu sein – und deshalb zwei Kilometer vor der Landesgrenze von Rheinland-Pfalz das riskante Manöver wagten.

Szene Nummer zwei: Eine Traube von Schaulustigen umringt den BMW mit den Gangstern und Geiseln in der Kölner Breitestraße. Journalisten – wer sich die Bilder ansieht, schaut in ein *Who is Who* der Kölner Reporterszene – spielen sich als Ordnungshüter auf. Kameraleute und Fotografen drängen sich um den Wagen, um die besten Bilder einzufangen. Andere geben dem Verbrecher-Duo Tipps, empfehlen ihm, die beiden verängstigten Geiseln durch einen katholischen Würdenträger zu ersetzen. Und einer von ihnen, Udo Röbel, Chefreporter des Kölner *Express,* bietet sich Degowski und Rösner als Lotse an, steigt in den Wagen, um die Gangster auf ihrer Flucht schnell aus der Stadt zu geleiten und so eine Sensationsgeschichte für das Boulevardblatt abzugreifen.

Szene Nummer drei – die schlimmste: In der Nacht zuvor, auf der von Journalisten verfolgten Fluchttour quer durch die norddeutsche Republik. Raststätte Grundbergsee, auf der A1 bei Bremen. Die Gangster haben inzwischen einen Bus gekapert mit 32 Geiseln, von denen fünf frei gekommen sind. Die Freundin von Rösner,

Marion Löblich, die in Gladbeck nach dem Banküberfall in das Fluchtfahrzeug gestiegen ist, muss zur Toilette. Raststättenhalt. Gelegenheit für Journalisten, die Geisel Silke Bischoff zu interviewen: »Wie geht es Ihnen mit der Pistole am Hals?« Weil die Polizei Rösners Freundin auf der Toilette aufgreift, rastet der aus, droht eine Geisel zu erschießen, und als die Polizei Löblichs Handschnellen wegen eines abgebrochenen Schlüssels nicht öffnen kann, ballert er los, auf einen Jungen, fast noch ein Kind. Journalisten tragen den röchelnden 15-jährigen Emanuele aus dem Bus und halten das Gesicht des sterbenden Opfers in die Kameras. Menschliches und ethisches Totalversagen.

Eine Gangsterstück von kaum zu überbietender Brutalität, ein Tabubruch, bei dem Journalisten und Polizei eine üble, unfassbare Rolle spielten. Die Geiseln und die Angehörigen der Toten fühlten sich in Leid und Trauer sehr lange Zeit allein gelassen. Die Stele an der A3 bei Aegidienberg, die an den Schlusspunkt des Dramas und an den Tod von Silke Bischoff erinnert, wurde auf die private Initiative von Bürgern des Ortes errichtet. Bei ihrer Enthüllung 2009 kam Silkes Mutter erstmals an den Ort, an dem ihre Tochter starb.

Bis heute ein Rätsel: Der Tod Uwe Barschels.

Genf, 11. Oktober 1987, Hotel Beau Rivage

Der *Spiegel*-Titel ist makaber. »Das Ehrenwort – Gefängnis für Dr. Uwe Barschel?« Das Foto: ein Mann, der die rechte Hand – sich freisprechend – auf die Brust drückt, das Gesicht leicht verschwitzt, die glasigen Augen in die Kameras gerichtet. Doch die *Spiegel*-Story an diesem Montag ist bereits überholt, ist tot. So tot wie jener Mann, der am Tag zuvor, am Sonntag, dem 11. Oktober 1987, als Leiche in Zimmer 317 des Hotels »Beau Rivage« in Genf gefunden wurde. In der Badewanne. Komplett bekleidet, schwarze Hose, weißes Hemd, die Krawatte leicht geöffnet. Ein Handtuch unter dem Kopf, die linke Hand auf der Brust.

Der Tod des zurückgetretenen schleswig-holsteinischen CDU-Ministerpräsidenten Uwe Barschel war der traurige Endpunkt einer der schmutzigsten Polit-Affären der Republik. Barschel hatte seinen Gegenkandidaten Björn Engholm (SPD) ausspionieren, Gerüchte über eine angebliche Aids-Infizierung und Homosexualität streuen und dessen Steuererklärung unrechtmäßig überprüfen lassen. Ihm half ein windiger Pressereferent namens Reiner Pfeiffer, der ihm vom Springer-Verlag für seinen Kampf um die Macht in Kiel angedient worden war.

Als der *Spiegel* den Machenschaften aus der Staatskanzlei auf die Spur kam, wies Barschel jede Mitschuld von sich, nannte ihm vorgehaltene Verstrickungen »erstunken und erlogen«. Dabei assistierte ihm sein Amtsvorgänger Gerhard Stoltenberg, der in den Rechercheergebnissen des *Spiegel* das Machwerk der »linken Kampfpresse« vermutete. Und dann, legendär jener verlogene Satz Barschels auf einer Pressekonferenz in seinem Heimatort Mölln: »Ich gebe Ihnen meinen Ehrenwort. Noch einmal, ich gebe Ihnen mein Ehrenwort.« Nichts habe er mit alle dem zu tun.

Lüge, alles Lüge. Wie so vieles, was der CDU-Politiker als konservativer Saubermann-Darsteller über sich verbreitet hatte. Wie ein Kartenhaus brach das Leben eines Vorzeige-Christdemoraten, eines Hoffnungsträgers in diesen Frühherbsttagen in sich zusammen. Sein Tod im Genfer »Beau Rivage« ist bis heute ungeklärt. Die Spekulationen und Theorien über die Vorgänge in Zimmer 317 an jenem Wochenende vor mehr als dreißig Jahren gehen wild durcheinander. Mehr Mythen als stichhaltige Beweise.

Rätselhafter Schlusspunkt eines Lebens also, das voller Rätsel, voller Abgründe war. Waffenhändler, Stasi-Komparse, CIA-Mitarbeiter? Drogenabhängig? Sexsüchtig auf jeden Fall! Ein vermeintlicher Biedermann, der seine Umgebung mit amourösen Abenteuern in die Verzweiflung trieb. Einer, der in Zeiten des Kalten Krieges in der DDR ein- und ausging, der immer wieder Gast im plüschig-puffigen »Hochzeitszimmer« 1417 des Warnemünder Hotels »Neptun« war und dort bei Liebesszenen von Stasi-Mielkes Helferinnen und Helfern gefilmt worden sein soll.

Welche Verbindung gibt es zwischen den beiden Zimmernummern? Spekulationen darüber, dass im Warnemünder Hotelzimmer 1417 der Schlüssel liegen könnte für den Tod des Politikers im Genfer Zimmer 317. Bizarr, wie viele Geheimdienste der Welt Theorien über Barschels Doppel-, Dreifach-Leben und seinen Tod verbreiteten – vom israelischen Mossad über amerikanische, iranische, libanesische, südafrikanische Quellen, Stasi-Mitarbeiter, Schweizer Privatdetektive. Immer Thema dabei: Waffengeschäfte.

Dass am Todestag in Genf ausgerechnet der multinational agierende deutsche Top-Spion Werner Mauss ebenfalls ein Zimmer im »Beau Rivage« gebucht hatte – ein weiteres Rätsel. Nichts fehlt, um Dr. Dr. Barschels Leben in düstersten Farben auszumalen.

Politischer Mord oder Bilanzselbstmord? Auch für die deutsche Justiz ein Streitpunkt. Ermittelnde Staatsanwälte, Oberstaatsanwälte, Generalstaatsanwälte, Toxikologen überzogen sich mit Theorien, lieferten sich über Jahrzehnte einen erbitterten Streit über Asservate und Indizien und zogen kontroverse Schlüsse. Vermutlich eine »never ending story«.

Sicher dagegen ist, dass der Machtwille jenes Mannes, der offensichtlich weltweit undurchsichtig operierte und die Vernichtung seiner Gegenspieler billigend in Kauf nahm, das kleine Schleswig-Holstein moralisch an den Rand des politischen Ruins getrieben hat.

Kein eiserner Vorhang mehr: Die Grenze zwischen Ost und West und was von ihr übrig blieb.

Sopronpuszta, 19. August 1989, Grenzanlage

Einfach wegschauen. Stur nach vorn blicken auf die österreichische Grenze in Richtung des burgenländischen Sankt Margarethen. Nicht beachten, was von hinten kommt. Kontrollen nur, wenn jemand aus Richtung Österreich auf das kleine ungarische Örtchen Sopronpuszta zukommt. Das war der Befehl, den Árpád Bella, Oberstleutnant der ungarischen Grenzsoldaten, ausgab, als sich eine vielköpfige Gruppe von Männern, Frauen und Kindern am 19. August 1989 um 14.55 Uhr auf der alten Pressburger Landstraße in Richtung ungarisch-österreichischer Grenze drängte, ein Tor aufstieß und zur Verblüffung österreichischer Grenzer ungehindert den Weg in den Westen nahm.

600 DDR-Bürger und mehr erreichten an diesem Nachmittag den Westen. Die bis dahin größte Massenflucht in der Geschichte des Eisernen Vorhangs. Doch eisern war die ungarische Grenze schon lange nicht mehr. Es war ein verrottet-verrostetes Kabelsystem, das Flüchtlinge vom Überschreiten der Westgrenzen Ungarns abhalten sollte. Ein ständiges Ärgernis, weil das von der Sowjetunion gelieferte Schutzsystem in die Jahre gekommen und marode geworden war und mit 4.000 Fehlalarmen pro Jahr nervte. Die Budapester Reformkommunisten unter Ministerpräsident Miklós Németh hatten weder das Geld noch die Lust, das Sicherungssystem zu reparieren. Für die eigenen Landsleute war es ohnehin unnötig, da der Staat ihnen seit Anfang 1988 Reisefreiheit gewährte.

Dass er den Abriss des Grenzsystems plane, darüber informierte Németh bereits im Februar 1989 den erstaunten österreichischen Bundeskanzler Franz Vranitzki, bevor er zwei Monate später den großen Bruder in Moskau, Michail Gorbatschow, einweihte. Ob der einwilligte, wie es angeblich in einer Protokollnotiz hieß, oder das Ansinnen einfach nur zur Kenntnis nahm, darüber gehen die Ansichten bis heute auseinander.

Jedenfalls rollten die Ungarn am 2. Mai 1989 die Drähte der Anlage ein. Zwei Monate später, am 28. Juni, gingen die Fernsehbilder um die Welt, als der ungarische Außenminister Guyla Horn und sein österreichischer Kollege Alois Mock mit Bolzenschneidern anrückten, um die Grenzanlage zu durchtrennen. Es war gar nicht so einfach gewesen, noch ein Stückchen intakten Grenzzaun zu finden, heißt es in einer Rückbetrachtung. Manche behaupten gar, für den Medienauftritt seien ein paar Meter der verrotteten Anlage eigens wiederaufgebaut worden.

Ob symbolischer Akt oder Medienereignis: Die beiden Minister am löchrigen Sicherheitszaun ermutigten DDR-Bürger, durch eine durchlässige Grenze zu schlüpfen. Hunderttausende machten während der Sommerferien Campingurlaub im sozialistischen Bruderland, suchten Zuflucht in westlichen Botschaften oder in Kirchengemeinden. Sie waren bestens informiert über die als Picknick getarnte dreistündige Grenzöffnung am 19. August. Flugblätter – mit einer Rose im Stacheldraht als Symbol – wiesen ihnen den Weg zu dem kleinen Weiler Sopronpuszta, in dem ungarische Oppositionelle und österreichische Grenzbewohner an diesem Tag zum Grillen zusammen kamen. Offizieller Schirmherr der Aktion war der Vorsitzende der Paneuropäischen Union, der Kaiserenkel Otto von Habsburg. Der allerdings sagte die Teilnahme kurzfristig ab.

War der ungarische Diensthabende Ápárd Bella einfach nur überrumpelt worden von dem Flüchtlingstreck? Oder war die Aktion von den ungarischen Genossen kühl geplant, um zu testen, wie das im Land stationierte sowjetische Militär reagieren würde? Die Lesarten sind unterschiedlich. Nur Bella, von seinen Kameraden als Verräter betrachtet, vom Westen als Held gefeiert und Jahre später von der Bundesrepublik mit dem Bundesverdienstkreuz ausgezeichnet, blieb dabei, nichts geahnt zu haben und dass er mit seinem Befehl einfach nur verhindern wollte, zum Massenmörder zu werden.

Historisch betrachtet war es ein Testlauf der ungarischen Regierung, um mit Bonn über die endgültige Öffnung der Grenzen zu verhandeln und die Ausreise von Tausenden in Ungarn evakuierter DDR-Bürgern möglich zu machen. Letzte Absprachen wurden vermutlich auf Schloss Gymnich bei Brühl getroffen: Dort trafen sich Ministerpräsident Németh und Außenminister Horn am 25. August mit Helmut Kohl und

Hans-Dietrich Genscher – abgeschirmt, von jeder Öffentlichkeit. Németh ließ keinen Zweifel daran, dass er die Grenze endgültig für alle in Ungarn wartenden DDR-Bürger öffnen werde.

Als Ungarn sein Versprechen am 11. September wahrmachte und die Grenze um null Uhr fiel, war das Ende des Warschauer Pakts eingeläutet. Der Termin war ein persönlicher Glücksfall für den CDU-Vorsitzenden Helmut Kohl. Er verkündete die zeitgeschichtliche Wende beim Presseabend des CDU-Parteitags in Bremen. Diese Sensation brachte seine Kritiker zum Schweigen, die ihn in diesen Tagen aus dem Parteivorsitz drängen wollten.

An diesem Wochenende kamen über 15.000 DDR-Bürger über Ungarn und Österreich in die Bundesrepublik. Der Kollaps der DDR deutete sich an. Hilflos versuchte das SED-Regime die Grenzen zum Bruderland Ungarn zu schließen. Ihre Bürgerinnen und Bürger ließen sich nicht aufhalten, fuhren nach Prag und fanden in Scharen Zuflucht in der Botschaft der Bundesrepublik.

Am 30. September sagt Außenminister Hans-Dietrich auf deren Balkon den berühmten Halbsatz: »Liebe Landsleute, wir sind heute zu ihnen gekommen, um Ihnen mitzuteilen, dass heute ihre Ausreise...« Grenzenloser Jubel. Der 9. November 1989 war nahe.

»Dankgebet«: Mstislaw Rostropowitsch an der geöffneten Berliner Mauer.

Berlin, 11. November 1989, Checkpoint Charlie

Ein Wunder war's, ein leises Wunder. In einer lärmenden, überschwänglich feiernden Stadt saß der kleine Mann mit der hohen Stirn, einer der größten Cellokünstler des 20. Jahrhunderts, am Checkpoint Charlie, um mit einem »Dankgebet« seiner Gefühle Herr zu werden. Ein Foto, das um die Welt ging. Ein Foto, das die millionenfache Freude über den Fall der Mauer mit einem Gesicht verband, das selbst Opfer des Kalten Kriegs geworden war.

Als Mstislaw Rostropowitsch am 10. November die Fernsehbilder von den Menschen sah, die in Berlin die Mauer stürmten, hielt den 62-jährigen nichts mehr in seiner Pariser Wohnung in der Avenue Georges Mandel. Er musste dorthin, wo er selbst einen »Schnitt in meinem Herzen« erlitten hatte. Ein Freund, wohlhabender Besitzer einer französischen Lebensmittelkette, stellte dem russischen Künstler seinen Privatjet zur Verfügung, damit er möglichst schnell mit ein paar Bekannten und seinem Cello nach Berlin fliegen konnte. Schon am Sonntagmorgen, dem 11. November, flog er los. Es war gar nicht so einfach, eine Genehmigung für die von den Alliierten kontrollierten Luftkorridore nach West-Berlin zu bekommen. Und wo sollte er hin in dieser Stadt im Ausnahmezustand, wer könnte ihm helfen, einen Platz zu finden für sein »Dankgebet«? Oft schon hatte er nach gefeierten Auftritten in der Philharmonie aus dem 19. Stockwerk des Springer-Hochhauses an der damaligen Kochstraße – direkt an der Sektorengrenze – hinüber geblickt aus der freien Welt in jene von Mauer und Stacheldraht eingegrenzte, in die von der Sowjetunion und Warschauer Pakt dominierte. In eine Welt, die er 1974 mit seiner Familie nach ständigen Auseinandersetzungen mit dem Moskauer Regime wegen seines unerschrockenen Einsatzes für Dissidenten verlassen hatte. 1977 folgte dann seine Ausbürgerung.

Dort im Springer-Hochhaus, das seit 1966 nach Aussage seines Bauherrn Axel Springer als »Schrei gegen den Wind« der Teilung mahnen sollte, stand er zwölf Uhr mittags im Foyer, stellte sich beim Pförtner vor und bat darum, jemanden aus der Redaktion sprechen zu dürfen. Der verdutzte Mann meldete sich beim kaum weniger überraschten Kulturchef der *Morgenpost*, Dieter Strunz. Der »eilt in die Halle«, schreibt später die *Welt* bei einer Rekonstruktion der aufregenden Tage des Mauerfalls, »und tatsächlich steht dort ein kleiner Mann mit hoher Stirn, hellen Augen und randloser Brille. Kein Mantel, nur sein Cello im Arm. Kein Zweifel: Es ist Mstislaw Rostropowitsch, einer der berühmtesten Virtuosen der Welt.«

Und der lässt auch keinen Zweifel an seiner Absicht: Er möchte ein Konzert geben. Jetzt gleich. Unmittelbar an der Mauer. Alles was er brauche, sei ein Stuhl. Eine kleine Prozession macht sich auf den Weg. Der Meister mit dem Cellokasten und seiner kleinen Pariser Crew, voran der Verlagsleiter von Springer, Hans-Wilhelm von Viereck, als Stuhlträger. Vor einem Graffiti mit einer Mickey Mouse und dem Schriftzug »Walls are not everlasting« machen sie am Checkpoint Halt. Johann Sebastian Bachs Sarabande in E-Dur erklingt. Die Schaulustigen, die die Mauer erkunden wollen, werden aufmerksam, spenden Beifall. Bourrée und Sarabande in d-Moll folgen. Ein kurzes Programm, eine halbe Stunde vielleicht. Ein wunderbarer Mosaikstein in dem großen Jubel der Welt. Aber eben auch Erinnerung an jene, »die an der Mauer ihr Leben ließen«.

Rostropowitsch, immer ein Freund der Deutschen, der oft in Bonn bei Rut und Willy Brandt und auch bei Helmut Schmidt zu Gast gewesen war, wollte seine Freude mit den Deutschen teilen. Und auch für sich persönlich danken. »Die Mauer«, so hat er später gesagt, »war immer ein Schnitt in meinem Leben«. Und ihr Fall sei »noch ein Geschenk in seinem Leben« gewesen.

Ein Jahr später hätte dieses Geschenk für ihn auch ganz persönliche Folgen haben können. Kreml-Chef Gorbatschow bot ihm an, ihm und seiner Frau Galina die sowjetische Staatsbürgerschaft zurückzugeben. Sie dankten und lehnten ab. Bis zu seinem Tod 2007 blieb er staatenlos. Er war und blieb gefeiert in den großen Konzertsälen der Welt. Aber das kleine »Dankgebet« an diesem 11. November hat ihn mit dem Ende des Kalten Krieges jenseits der höchsten Cello-Kunst unsterblich gemacht.

Und viele, sehr viele weinen: Willy Brandt im Erfurter Hof 1970 und 1990.

Erfurt, 3. März 1990, Hotel Erfurter Hof

Wie entspannt er wirkt, wie zufrieden, wie jung. Dieses Dacapo wirkt wie ein Wunder. Willy Brandt, ein wenig fülliger in der Mimik geworden, das Haar weißer und lichter, hebt die rechte Hand. Lächelt, winkt. Winkt an jenem Ort, winkt aus jenem Fenster des Hotels Erfurter Hof, aus dem er 20 Jahre zuvor schon einmal geschaut hatte. Damals, am 19. März 1970, war dieses Bild, dieser Blick aus dem Fenster, auf ihm zujubelnde DDR-Bürger eine Schlüsselszene der von ihm eingeleiteten Entspannungspolitik.

Damals, in den Mittagsstunden des grauen Märztages beim ersten Gipfeltreffen eines Bundeskanzlers mit dem obersten Repräsentanten der DDR, wirkte er angespannter. Seine Mimik eher fragend als triumphierend, die Hände auf der Fensterbank zeigten nach unten, als wolle er die »Willy, Willy«-Rufe der tausendköpfigen Menge dämpfen. Sie wollten ihn sehen, Willy Brandt, und nicht das DDR-Staatsoberhaupt Willi Stoph. Deswegen hatten sie zunächst nicht einfach »Willy« gerufen, sondern keinen Zweifel zulassend gefordert: »Willy Brandt ans Fenster.«

Begeistert hatten sie ihn empfangen, nicht erst in Erfurt, als Tausende die Absperrgitter durchbrachen, mit Blumensträußen winkten, jede Vorsicht ablegten, um einfach ganz nah an den Gast aus Bonn heranzukommen. Schon auf dem Weg des Sonderzugs vom Grenzort Gerstungen bis nach Erfurt hatten Tausende an der Strecke gestanden und gejubelt und auf herausgehängten Betttüchern den Bundeskanzler begrüßt. »Tausende«, schrieb Ulrich Kempski in der *Süddeutschen Zeitung,* »strecken ihre wie betend gefalteten Hände aus. Und viele, sehr viele weinen.«

Ein Tag, der vermutlich bewegendste in Willy Brandts Politikerleben, wie er selbst fragend in seinen Erinnerungen schrieb: »Der Tag von Erfurt. Gab es einen in meinem Leben, der emotionsgeladener gewesen wäre?« Und weiter: »Ich war bewegt, und ahnte, daß es ein Volk mit mir war. Wie stark mußte das Gefühl der Zusammengehörigkeit sein, das sich auf diese Weise entlud!« Schon damals bei ihm auch ein Bangen: »Aber es drängt sich auch die Frage auf, ob hier nicht Hoffnungen aufbrachen, die nicht – so rasch nicht – zu erfüllen waren.«

Fast auf den Tag genau 20 Jahre später, am 3. März 1990, sind sie erfüllt. Willy Brandt ist wieder in Erfurt. Mit dem alten Sonderzug von damals. Erinnerungen, aber auch Genugtuung, dass sich seine Politik mit dem Fall der Mauer ausgezahlt hat, dass sich seine Beharrlichkeit ausgezahlt hat. Ein zufriedener Willy Brandt steht jetzt am Fenster im ersten Stock des Erfurter Hofs. Ein SPD-Vorsitzender, der für sich in Anspruch nehmen kann, mit seiner Entspannungspolitik zur Öffnung der Mauer entscheidend beigetragen zu haben. Gegen alle Widerstände der Konservativen, gegen das Beharrungsvermögen der Hardliner in DDR und Sowjetunion.

Aber, auch das ist traurige Wahrheit an diesem Tag der Erinnerung: Von der Euphorie des Siebziger-Aufbruchs ist nur ein Schatten übriggeblieben. Keine jubelnden Menschen an der Bahnstrecke, verhaltender Beifall vor dem Erfurter Hof.

Die Einheit ist fast geschafft. Dank Willy Brandts. Die Menschen aber neigen zum Vergessen. Willy Brandts Politik ist Geschichte. Jetzt jubeln sie, mehr als ihm, einem anderen zu, der sich »Einheitskanzler« nennen lässt und den Bürgerinnen und Bürgern der DDR die D-Mark und Wohlstand verspricht. Mehr als hunderttausend sind wenige Tage vor Willy Brandts Erinnerungstour nach Erfurt gekarrt worden, um auf dem Domplatz den CDU-Vorsitzenden Helmut Kohl zu feiern. Es ist Wahlkampf in der Noch-DDR. Die ersten und letzten freien Wahlen zur Volkskammer stehen Ende März 1990 an. Die Popularität Brandts kann das ernüchternde Ergebnis für die SPD – vor allem in Sachsen und Thüringen – nicht verhindern. Gerade einmal 22 Prozent der Wähler geben ihr am 18. März die Stimme. Überragender Sieger mit 48 Prozent der Stimmen ist die »Allianz für Deutschland«, ein Zusammenschluss der ehemaligen Blockpartei CDU, der neu gegründeten Deutschen Sozialen Union und des Demokratischen Aufbruchs. Ein Wahlsieg, auch deswegen so hoch, weil die West-CDU die Wahlkämpfer im Osten mit einem D-Mark-Segen überschüttete und mit fast fünf Millionen Mark finanzierte.

Für Brandt war das Ergebnis eine bittere Enttäuschung. Aber es schmeichelte ihm, dass in der SPD in dieser Zeit eine Diskussion über ihn aufkam: Wenn es einen

Sozialdemokraten gebe, der die erste gemeinsame Bundestagswahl Ende 1990 im Zuge der Einheit zum Erfolg führen könne – dann nur Willy Brandt.

Wenn diese Debatte in der SPD auch nie zu einem offiziellen Vorschlag zugunsten des Ehrenvorsitzenden führte, hat sie ihn doch gefreut. Dem *Spiegel,* so schreibt sein Biograf Peter Merseburger, verriet er in dieser Zeit: »Es ist ganz schön, erleben zu können, daß man in der Abendsonne mehr aufgescheucht wird, als man es sich eigentlich vorgestellt hatte.«

Einer, der nicht aufgab: Das Attentat hat Wolfgang Schäuble verändert, nicht gebrochen.

Oppenau, 12. Oktober 1990, Brauerei Bruder

Hier muss er nicht kämpfen. Die Ortenau, liebliche Weinlandschaft zwischen Oberrhein und Schwarzwald, ist CDU-Land, und Wolfgang Schäuble ist ihr Politstar. Die Menschen sind stolz auf ihren Bundesinnenminister, der wenige Wochen zuvor den Einheitsvertrag ausgehandelt und das Jahrhundertwerk der Zusammenführung von West- und Ostdeutschland festgeschrieben hatte.

Seit 1972 vertritt der Jurist die Menschen der Ortenau im Bundestag. Seit der Kanzlerschaft Helmut Kohls, ab 1982, in einem atemberaubenden Karrieretempo. Erst Parlamentarischer Geschäftsführer der CDU/CSU-Fraktion, dann Kanzleramtschef und seit 1989 Innenminister. Seine Wählerinnen und Wähler rechnen es ihm hoch an, dass er trotz der aufzehrenden Arbeit in Bonn ihre Interessen nicht vergisst.

Entsprechend groß ist das Gedränge im Festsaal der Brauerei Bruder in dem kleinen Städtchen Oppenau beim Auftritt Schäubles am Abend des 12. Oktober 1990. Für den Minister, der mit dem Hubschrauber in Straßburg landet, nur ein kleiner Umweg, um danach in seinem nahegelegenen Wohnort Gengenbach ins Wochenende zu gehen.

Freundliche Stimmung. Ein Heimspiel. Der Minister referiert über die große Politik, über die deutsche Einheit, und er kann sicher sein, dass sein Wiedereinzug ins Parlament bei der ersten gesamtdeutschen Bundestagswahl im Dezember eine sichere Bank ist. Locker kontert er den CDU-Ortsvorsitzenden, der sich für den Auftritt mit einer Flasche Kirschwasser bedankt und hofft, Schäubles Wahlergebnis möge wenigstens ebenso viele Prozente haben: Etwas mehr werde er schon einfahren, schließlich habe er bei den letzten Wahlen 67 Prozent für die Union geholt.

Knapp zwei Stunden dauert der Auftritt, den seine Anhänger begeistert feiern. Auf dem Weg aus dem Saal noch hier und da ein Autogramm und ein kurzer Wortwechsel mit dem *Stern*-Journalisten Hans Peter Schütz, der Schäuble begleitet, weil er an einem Porträt über den Badener in Kohls Regierungsmannschaft schreibt.

Dann knallt es. Einmal, zweimal, dreimal. »Als platzten Luftballons«, erinnert sich Schütz. »Zweimal schmerzhaft laut, mit kleiner Verzögerung ein drittes Mal. Dann sinkt Wolfgang Schäuble rücklings zu Boden. Blut läuft aus seiner Nase und aus seinem Mund. Böse sieht die Verletzung auf seiner linken Wange aus. Tief und blaurot. ›Holt endlich einen Arzt‹, brüllt einer. Schäuble selbst öffnet für einige Sekunden die Augen und flüstert: ›Ich habe kein Gefühl mehr in den Beinen‹. Eine Frau schreit: ›Mein Gott, er darf nicht sterben. Er muss durchkommen‹. Drei Meter vor dem Mann steht seine älteste Tochter Christine. Mit stummem Entsetzen im Gesicht. Sie hat den Vater an diesem Abend abholen wollen.«

Der 36-jährige Vermessungsgehilfe Dieter Kaufmann, schizophren, vorbestraft, drogenabhängig, hatte aus nächster Nähe mit einem Trommelrevolver auf den Politiker geschossen. Erst in den Kopf, dann in den Rücken. Der dritte Schuss traf Schäubles Personenschützer, der sich schützend vor ihn geworfen hatte.

Wahnsinnstat eines Verwirrten. Wie zuvor schon im April, als eine psychisch verstörte Frau SPD-Kanzlerkandidat Oskar Lafontaine in Köln bei einer Wahlkampfveranstaltung mit einem Messer am Hals traf. Das waren Herausforderungen, die die Sicherheitsbehörden bis dato nicht kannten, sie waren auf solche Attacken kaum vorbereitet.

Ein Kampf um Leben und Tod begann für Wolfgang Schäuble. Mehrere Tage, bis die Ärzte der Uniklinik Freiburg Entwarnung geben können. Außer Lebensgefahr. Aber das Leben des leidenschaftlichen Sportlers ist radikal verändert. Er ist querschnittsgelähmt, für immer auf den Rollstuhl angewiesen. Der neue Hoffnungsträger der CDU, der für alle in der Partei längst »wichtigster Mann nach Helmut Kohl« war, am Ende seiner Karriere?

Nein. Schäuble kämpfte, gab nicht auf. Schon sechs Wochen nach den Schüssen von Oppenau, nach Klinik und Reha stürzte er sich wieder in die Arbeit des Ministeriums, war zurück auf der Bonner Bühne. Zurück in einer Karriere, die Höhen und Tiefen kennt und ihn in viele wichtige Staatsämter führt – nur das Kanzleramt und Schloss Bellevue bleiben ihm verwehrt.

Staatsmann als Raufbold: Zornig geht der Kanzler der Einheit auf einen Eierwerfer los.

Halle, 10. Mai 1991, Rathaus

Kein Massenauflauf. Nicht Zehntausende von Jublern, deren er sich ein Jahr zuvor im deutschen Osten immer so sicher sein konnte. Nicht einmal Tausende. Wenige hundert Menschen nur waren es, die den »Kanzler der Einheit« an diesem Freitagnachmittag vor dem Rathaus in Halle begrüßen. Helmut Kohl ist auf Tournee, will sich vor Ort ein Bild machen, wie es vorangeht in den neuen Ländern. Die Buna-Werke, DDR-Aushängeschild für Plaste und Elaste in Schkopau, und das benachbarte Leuna, Sitz der größten Raffinerie im Osten, stehen auf dem Besuchsprogramm an jenem 10. Mai 1991, bevor der Tag mit einem »Informationsaustausch« im Stadthaus von Halle ausklingen soll.

Der Jubel der ersten Einheitstage war längst abgeklungen. Den Zorn der Bürger über das ungelöste Versprechen von »blühenden Landschaften« im Osten hatte der CDU-Vorsitzende und Kanzler Helmut Kohl auch auf anderen Stationen seiner Reise zu spüren bekommen. Schon in Erfurt flogen Eier.

In Halle sind die Angriffe massiv. Als er die Limousine verlässt, auf das Stadthaus zugeht, nicht von der Polizei, sondern nur von seinen Sicherheitsleuten geschützt, sind es zunächst Pfiffe, die ihn empfangen. Dann fliegen Kohlköpfe, Tomaten, Eier. Und schließlich treffen ihn die Geschosse auf Gesicht und Anzug. Demonstranten, mit Juso-Fahne in der einen und Eiern in der anderen Hand, macht der zunehmend gereizte Kohl als Täter hinter den Absperrgittern aus. Statt sich hinter die eilends von seinen Sicherheitsleuten aufgespannten Regenschirme zu ducken, stürzt er auf die jugendlichen Randalierer zu, leistet sich – nicht aufzuhalten – am Absperrgitter eine Rangelei mit den Störern. Der Staatsmann als Raufbold.

Vor allem einen trifft der Zorn des massigen Mannes besonders heftig. Nachdem er sich von seinen Personenschützern losgerissen hat, langt er über das Gitter hinüber, um den schmächtigen Mann mit der langen Haarmähne zu treffen. Er verfehlt das Gesicht von Matthias Schlipke, des stellvertretenden Juso-Vorsitzenden von Halle, nur knapp.

Was die Eierwerfer von Halle als Spaß geplant hatten, wurde schnell zum Politikum. Kohl warf der Polizei vor Ort ein »miserables« Sicherheitskonzept vor. Die wiederum sah ihn in der Mitverantwortung, weil er um eines erhofften Bads in der Menge willen viel zu früh sein Auto verlassen habe, statt erst vor dem Eingang des Stadthauses auszusteigen. Die Bonner CDU sah sogar die SPD in der Verantwortung, weil der Haupttäter ein Juso war, sie verlangte von SPD-Chef Hans-Jochen Vogel eine Entschuldigung.

Als sich die Wogen geglättet hatten, räumte Kohl ein, das Absperrgitter sei ein Glück gewesen: »Das war ein Nutzen – für wen habe ich nicht gesagt. Das überlasse ich Ihnen.« Und Juso Schlipke, der zwar verhaftet worden war, aber vor einem Prozess davonkam – weil Kohl auf eine Anzeige verzichtete –, entschuldigte sich später bei dem Kanzler brav, »weil Eierwerfen wahrscheinlich auch Gewalt« sei. Aber er beschrieb auch unumwunden seine Gefühlslage und die vieler ehemaliger DDR-Bürger zu dieser Zeit: »Das neue Deutschland hat mich bedroht. Es hat mir Angst gemacht. Und es war natürlich nicht unbedingt das Deutschland, was ich mir erhofft habe«, sagte er später im *WDR*.

Schlipke konnte es sich nicht verkneifen, auch vom Kanzler der Einheit eine Entschuldigung zu fordern für seine voreiligen Versprechen von »blühenden Landschaften mitten in Europa«, die vor allem in den heruntergekommenen Industrieregionen um Halle mit der düsteren Situation 1991 nichts gemein hatten. Ins gleiche Horn stieß der Parlamentarische Geschäftsführer der SPD-Bundestagsfraktion und Vorsitzende des SPD-Bezirks Westliches Westfalen, Franz Müntefering, der zwar kein Verständnis für die »extremistischen Ausschreitungen« von Halle hatte, aber kurz und knapp anmerkte, dass Kohl im Osten leichtfertig einen schnellen Aufbau mit blühenden Landschaften versprach, und das sei in Wahrheit »das dicke Ei«.

Angst vor dem Mob: In Hoyerswerda wich der Staat der rechten Gewalt.

Hoyerswerda, 17. September 1991, Flüchtlingsheim

Eine Bankrotterklärung von Polizei und Verwaltung: Eine Horde von Neonazis hatte gesiegt. Sie wollte das sächsische Städtchen Hoyerswerda »ausländerfrei« machen, als sie am 17. September 1991 ehemalige Vertragsarbeiter der DDR aus Vietnam und Mosambik auf dem Marktplatz der Stadt angriff. Das war der Auftakt zu einer Barbarei, bei der die Täter später auf das Heim der 120 Ausländer, die zu DDR-Zeiten im Braunkohlebergbau gearbeitet hatten, losgingen. Zu Beginn mit grölenden Drohgebärden. Da die Polizei nicht eingriff, wagten sie mit Molotowcocktails und Steinen bewaffnet einen neuen Angriff. Und, einmal in Fahrt, hatten sie ein zweites Ziel: ein gerade eingerichtetes Flüchtlingsheim, in dem die Stadt 240 Menschen aus Bangladesch, Rumänien und Vietnam untergebracht hatte. Beifall klatschend begrüßten die Bürger die Gewaltexzesse der Nazis, während die Behörden hilflos zusahen und sich nur durch eine Entscheidung zu helfen wussten, die sie in zwei dürren Sätzen erklärten: »Es besteht einheitliche Auffassung dazu, dass eine endgültige Problemlösung nur durch Ausreise der Ausländer geschaffen werden kann.« Diese Kapitulation vor der rechten Gewalt, mit der am 21. September 1991 die sofortige Abschiebung der Vertragsarbeiter eingeleitet wurde, löste bei vielen Menschen im ganzen Land Entsetzen aus.

Doch während sich der Großteil der Bevölkerung wegen der Ausschreitungen und des Behördenversagens fremdschämte, machten sich andere mit der Naziparole »ausländerfrei« gemein. Hoyerswerda symbolisiert den Startschuss zu rechter Gewalt, die sich plötzlich epidemieartig in allen Ecken der Republik breitmachte. Im saarländischen Saarlouis kam ein Ghanaer bei einem Brandanschlag auf ein Flüchtlingsheim um Leben. Angriffe auf Flüchtlingsheime in Thüringen, Baden-Württemberg, Niedersachsen und Brandenburg schreckten regional auf, gingen aber im bundesweiten Wahrnehmungsradar verloren. Die Häufung der Übergriffe sorgte dafür, dass »ausländerfrei« als Unwort des Jahres 1991 traurige Beachtung fand.

Die rechtsradikale Gewalt ebbte nicht ab. Von mehr als 80 »Hassstädten«, in denen Verbrechen gegen Ausländer registriert wurden, berichtete der *Spiegel* 1992. Im August war es in Rostock-Lichtenhagen wieder ein Wohnheim für ehemalige vietnamesische Vertragsarbeiter, das von Hunderten Neonazis angegriffen wurde. Und wieder wurden die Pogrome von Beifall spendenden Anwohnern begleitet. Und wieder überließ die Polizei die Flüchtlinge schutzlos den Molotowcocktail-Angriffen des rechten Mobs.

Nächste Eskalation der Gewalt: am 23. November in der schleswig-holsteinischen Kleinstadt Mölln, als Rechtsradikale zwei von Türken bewohnte Häuser in Brand setzten. Zwei Kinder und deren Großmutter kamen in den Flammen ums Leben, neun Menschen wurden schwer verletzt. Noch während des Feuers hatten sich zwei Rechtsradikale, ein 25-jähriger Hilfsarbeiter und ein 19-jähriger Supermarktlehrling, zu der Tat bekannt. Sie wurden wegen dreifachen Mordes und versuchten Mordes zu lebenslanger Haft, beziehungsweise zu zehn Jahren Jugendhaft verurteilt.

Die Morde von Mölln lösten in der Zivilgesellschaft eine heftige Diskussion aus. Beim Fremdschämen wollten es viele nicht mehr belassen. Lichterketten, Demonstrationen, Gründung von Initiativen gegen den rechten Mob waren die Folgen. Auf helle Empörung stieß die Weigerung von Bundeskanzler Helmut Kohl, an der Trauerfeier für die Opfer teilzunehmen. Vor allem die Begründung seines Regierungssprechers, der Kanzler beteilige sich nicht an »Beileidstourismus«, führte zu heftiger Kritik in Öffentlichkeit und Parlament.

Zu diesem Zeitpunkt hatten CDU und CSU die Frage der rassistischen Gewalt schon eng mit der von ihnen betriebenen Einengung des Grundrechts auf Asyl verknüpft. Noch während einer Pressekonferenz am Rande der Ausschreitungen von Lichtenhagen hatte Bundesinnenminister Rudolf Seiters (CDU) einen Zusammenhang hergestellt und gefordert: »Wir müssen handeln gegen den Missbrauch des Asylrechts, der dazu geführt hat, dass wir einen unkontrollierten Zustrom in unser Land bekommen haben...« Noch weiter ging Herbert Helmrich (CDU), Justizminister von Mecklenburg-Vorpommern, indem er sich wenige Wochen nach den Pogromen dafür aussprach: »Wir brauchen eine neue Mauer.« Gegen diese »verbale Brandstiftung« formierte sich Protest. Intellektuelle und Künstler forderten, gegen Rechtsextremismus aufzubegehren und eine Aushöhlung des Asyl-Grundgesetzparagrafen nicht zuzulassen. In den Medien, vor allem in ausländischen, wurde spekuliert, dass der Regierung die Welle der Gewalt gegen Ausländer nicht ungelegen käme, um die SPD – deren Stimmen für die notwendige Zweidrittelmehrheit zur Grundgesetzänderung im Parlament gebraucht wurden – unter Druck zu setzen. Eine Vermutung, die sich nie beweisen ließ. Allerdings stimmten die Sozialdemokraten auch nach erheblichem Druck durch Springer-Medien Ende 1992 einem Asylkompromiss zu, der das individuelle Grundrecht auf Asyl einschränkte und die Ausweisung ohne Anhörung ermöglichte, wenn die Asylbewerber aus sicheren Drittländern in die Bundesrepublik kamen. Eine Entscheidung, die Heribert Prantl in der *Süddeutschen Zeitung* mit dem bitteren Satz kommentierte: »Politisch Verfolgte genießen Asylrecht – aber nicht in Deutschland.«

Am Ende kaum vermisst: 19 Tage lagen Gert Bastian und Petra Kelly tot in ihrer Wohnung.

Bonn-Tannenbusch, 19. Oktober 1992, Swinemünder Straße

Wie ein Lauffeuer verbreitet sich die Nachricht am späten Abend des 19. Oktobers 1992 in Bonn. Als die Mordkommission, 43 Minuten nach dem Eingang eines Notrufs, um 22.10 Uhr in der Swinemünder Straße im Stadtteil Tannenbusch eintrifft, belagern schon Reporter und Kamerateams das kleine Reihenhaus. Zwei Leichen, verwest, umgekommen schon Wochen zuvor, ohne dass diese Menschen vermisst worden wären.

Unvorstellbar fast, dass der Tod, die Abwesenheit 19 Tage in der kleinen Bundeshauptstadt nicht bemerkt worden war. Tragödie eines Paares, das ein Jahrzehnt zuvor Friedensbewegung, Anti-Atomkraftbewegung und die Gründung der Grünen geprägt hatte. Petra Kelly (44), Ikone der neuen Bewegung, und ihr Lebensgefährte, Ex-Bundeswehrgeneral Gert Bastian (69), lagen tot, erschossen, in ihrer Wohnung. War den Ermittlern schnell klar, dass hier offensichtlich kein Dritter beteiligt war, wollten Freunde und Weggefährten daran nicht glauben. Verschwörungstheorien – vom Mord durch den KGB oder amerikanische Atomlobbyisten – sollten helfen, sich das Unvorstellbare nicht eingestehen zu müssen: dass es Bastian war, der mit Kopfschüssen aus einer Derringer-Pistole erst das Leben von Kelly und dann das eigene auslöschte.

Wie keine andere war Petra Kelly das Gesicht der Grünen in deren Anfangszeit, ein »Stern am Himmel« der neuen Bewegung. Die immer ein wenig zerbrechlich wirkende Deutsch-Amerikanerin prägte den Aufstieg der jungen Partei, war deren erste Vorstandssprecherin und leitete gemeinsam mit Otto Schily die Bundestagsfraktion nach dem Einzug der Grünen ins Parlament 1983. Von unbändiger Energie, wurde sie weit über die Bundesrepublik hinaus zur Symbolfigur einer neuen Politik. Dann musste sie erleben, dass dieser angestrebte neue Politikstil in der eigenen Partei immer weniger gelebt, sie zwischen den Flügeln der Realos und Fundis zerrieben wurde und als Relikt der Anfangsjahre an Einfluss und Standing verlor. Sie und Gert

Bastian, der 1983 ebenfalls in den Bundestag eingezogen war, wollten sich den Spielregeln der Rotation nicht beugen. Der General, der den NATO-Doppelbeschluss nicht mittragen wollte und 1980 den Dienst in der Bundeswehr aus Protest an den Nagel gehängt und den »Krefelder Appell« gegen das Wettrüsten initiiert hatte, war für die Grünen in ihren Gründerjahren ein Aushängeschild, aber schon bald in der Partei der Fischers, Ditfurths und Ebermanns zum Anachronismus geworden.

Ein Paar, so prägend, so bestimmend, so präsent in der Außerparlamentarischen Opposition, das dann in den Usancen des parlamentarischen Betriebs unterging. Wenn Petra Kelly ans Rednerpult des Bundestages trat, wirkte sie gehetzt, nervös, der Debattenpolemik nicht gewachsen. Nur wenig war geblieben von der Strahlkraft, mit der sie auf den großen Friedensdemonstrationen nicht nur ihre Anhängerinnen und Anhänger begeistert hatte.

Die parlamentarische Laufbahn Kellys endete 1990 jäh. Die westdeutschen Grünen scheiterten bei der ersten gesamtdeutschen Wahl an der Fünf-Prozentklausel. Und auch parteiintern war der Stern der einstigen Ikone erloschen. Bei der Delegiertenversammlung 1991 in Oldenburg schaffte sie nicht einmal mehr die Wahl in den Parteivorstand. Das war ein persönliches Desaster, aber auch ein Befund über den Zustand der Grünen. Die Partei hatte sich gehäutet, war von der Antiparteienpartei längst zum Teil des Parteienestablishments geworden. Für hoffnungslose Moralisten wie Kelly oder preußisch orientierte Rechthaber wie Bastian hatte sie kaum noch Platz. Es ging nicht mehr darum, eine Bewegung mit Leben zu füllen, sondern längst darum, an der Macht teilzuhaben.

Wie aus der Zeit gefallen lief das Paar neben dem Politikbetrieb her, obwohl gerade Petra Kellys Rat weltweit gefragt blieb. Überfordert und erschöpft, wollte sie sich diesem Rat nie verschließen. Ohne Apparat, ohne große Hilfe war sie für viele Menschen ein Kummerkasten, den sie waschkörbeweise mit Bettelbriefen füllten. Oft mangelte es nicht nur an der Kraft, diesen Anforderungen gerecht zu werden, es fehlte auch das Geld, um die Tausende Mark Porto monatlich für die Antwortbriefe zu bezahlen. Bekannte und Freunde beschrieben ihre Gemütszustände in den letzten Jahren als schwankend. Mal euphorisch, mal depressiv, ständig an der Grenze zur Überforderung.

Was aber war das Motiv dafür, dass Gert Bastian seine Lebensgefährtin und sich erschoss. Der Mann, der nach Auskunft seines Sohnes, des Arztes Till Bastian, auch als Friedensbewegter häufig eine geladene Pistole bei sich trug, saß unmittelbar vor der Tat an einem Text, den er mitten im Satz unterbrach. Fühlte er sich als Beschützer, der Petra Kelly von ihrer Pein befreien wollte, war es eine Verzweiflungstat? War es ein gemeinsamer Wunsch der beiden nach Suizid? Das ist schwer zu glauben. Petra Kellys Terminkalender war prall gefüllt, sie war bis ans Ende des Jahres Verpflichtungen eingegangen, hatte viele Pläne, als eine Kugel sie im Schlaf tötete. Eine Antwort auf das Warum gibt es nicht. Es bleibt ein rätselhafter Tod.

War Kelly bei vielen ihrer frühen Grünen-Mitstreiter schon in ihren letzten Lebensjahren aus dem Blick geraten, geriet sie nach ihrem Tod schnell in Vergessenheit – abgelegt wie ein »alter Waschlappen«, so merkte Marieluise Beck, ihre Parteifreundin aus den Anfangsjahren, bitter an.

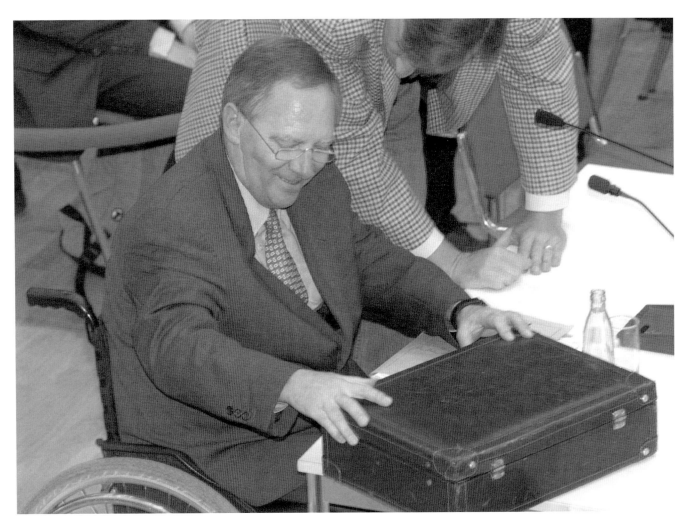

»Mit Koffer oder ohne?«: Eine Frage des Abgeordneten Hans-Christian Ströbele im Bundestag, die Wolfgang Schäuble in Schwierigkeiten brachte.

Bonn, 21. September 1994, Hotel Königshof

Die Erwartungen sind klar formuliert. Das kleine Abendessen, zu dem CDU-Schatzmeisterin Brigitte Baumeister für den 21. September 1994 in das Bonner Hotel Königshof einlädt, soll Geld in die Parteikasse schwemmen. »Für unser Ziel, auch nach dem 16. Oktober die stärkste Fraktion im Deutschen Bundestag zu stellen und mit Bundeskanzler Dr. Helmut Kohl die Regierungsarbeit fortzusetzen, müssen wir einen effektiven und erfolgreichen Wahlkampf bestreiten«, heißt es in dem Schreiben. Und dann ganz unverhohlen: »Dabei sind wir auf die Mitwirkung und finanzielle Unterstützung all derjenigen angewiesen, die sich unserer Politik verbunden fühlen. Ich möchte Sie daher ganz herzlich bitten, der CDU mit einer Spende in diesem Wahlkampf zu helfen.«

Ein kleiner erlauchter Kreis, den die CDU-Frau da in den feinen Rondell-Saal bittet, um knapp vier Wochen vor der Bundestagswahl am 16. Oktober noch ein wenig »Bimbes« einzutreiben – Helmut Kohls Lieblingsbegriff für Geld, vor allem das, was seiner Partei zugute kommt. Knapp ein Dutzend Gäste sitzt am Tisch, als ihnen der Vorsitzende der CDU/CSU-Bundestagsfraktion, Wolfgang Schäuble, erläutert, warum es nach der Wahl keine linke Mehrheit im Land geben darf. Ihm schräg gegenüber das Ehepaar Karlheinz und Bärbel Schreiber. Der Waffenhändler und seine Frau haben für den Abend ihren Urlaub in Nizza unterbrochen, sind gerührt, dass der ihnen »angespannt« und müde wirkende Mann im Rollstuhl für sie den Abend opfert. Da möchten sie nicht undankbar sein.

Die Dankbarkeit wird zum Drama, das sich für Schäuble erst fünf Jahre später entlädt. Es ist eine »Petitesse« gemessen an den Dimensionen, die sich im Dezember 1999 angesichts der Millionen in den schwarzen Kassen der Kohl-CDU auftun – nicht genannte Spender, Geldwäsche und Einflussnahme durch Spenden auf Jahrzehnte unter kohlschen Herrschaft. »Peanuts«, wie der Chef der Deutschen Bank,

Josef Ackermann, die Dankbarkeit des Waffenhändlers Schreiber vermutlich abgetan hätte.

Aber Schreiber war einer, den die Staatsanwaltschaft Augsburg seit langem verdächtigte, sich mit Spenden Entscheidungen der Politik erkauft zu haben. Und dieses Abendessen mit Schreiber, der inzwischen von Kanada aus seine Rolle in dem Komplott schönredete, wurde Schäuble zum Verhängnis, als er im Bundestag am 2. Dezember 1999 eingestand, den Herrn nur einmal gesehen zu haben. Eben an jenem Abend im Königshof. »Mit oder ohne Koffer«, fasste der Grünen-Abgeordnete Hans-Christian Ströbele nach. Eine Formulierung, die ironisch auf das Gebaren verwies, mit dem CDU-Emissäre Millionen von Mark aus zwielichtigen Quellen übergaben. »Ohne Koffer«, antwortete Schäuble prompt. Und musste sich für diese Unwahrheit im Januar vor dem Parlament entschuldigen.

Denn von Kanada aus hatte der Dunkelmann Schreiber gedroht, einige in der CDU hochgehen zu lassen und daran erinnert, dass er im Nachgang zu dem Abendessen im Königshof Schäuble einen Umschlag mit 100.000 Mark übergeben habe. Eine Tatsache, die der CDU-Vorsitzende und Chef der CDU/CSU-Bundestagsfraktion einräumen musste. Ein Eingeständnis, das ihn im Sommer 2000 beide Ämter kostete. Dabei war es nicht die Spende allein, sondern die Unstimmigkeiten wegen der Übergabe, die dem Drama ihre Tragik verliehen.

Schäubles Version, zunächst von Schreiber und der ehemaligen Schatzmeisterin Baumeister mitgetragen: Am Morgen nach dem Abendessen sei der Waffenhändler in seinem Büro gewesen, habe ihm den Umschlag übergeben, den er dann an Baumeister habe weiterleiten lassen.

Baumeisters Version, die sie ihren Parteifreund dann korrigierend wissen ließ: Schreiber habe ihr die Spende am 11. Oktober in dessen Wohnung in Kaufering bei Augsburg übergeben. Einen Umschlag mit »einem Buch von hundert bösen Männern« – Tausendmarkscheinen –, den er ihr gegeben habe mit der Bitte, ihn an den Fraktionsvorsitzenden weiterzuleiten.

Schreiber deckte diese Version zunächst, bis er sich korrigierte. Er könne Baumeister an besagtem Tag wegen eines Gerichtstermins in München gar nicht begegnet sein. Die Spende habe seine Frau Bärbel an die Schatzmeisterin übergeben.

Ein bizarrer Streit, der weder bei einer Gegenüberstellung von Schäuble und Baumeister im Untersuchungsausschuss des Bundestages noch bei staatsanwaltlichen Befragungen der drei Handelnden zweifelsfrei geklärt werden konnte. Fest steht, dass es zum Beziehungsbruch der einst Engvertrauten kam, als Baumeister in einem Telefonat mit Schäuble am 16. Januar von dessen Version abrückte und ihm die ihrige entgegensetzte. »Bist Du krank im Kopf?«, will er sie angefahren haben. »Warum bringst Du das durcheinander?«

Mit Vermutungen hielt Schäuble sich nicht zurück. Für ihn war klar, dass Schreiber – aus welchen Gründen auch immer – die einst von Schäuble protegierte Brigitte Baumeister unter Druck gesetzt und zur Korrektur der von ihm geschilderten Übergabe-Szenerie veranlasst hatte. Eine »Intrige mit kriminellen Elementen«, urteilte er 2000 verbittert. Und hatte als Strippenzieher auch Helmut Kohl im Visier. Aus dessen Büro habe es mehrfach telefonische Kontakte mit Schreiber in Kanada gegeben.

Zwischen Kohl und Schäuble, der dem Kanzler und CDU-Vorsitzenden über Jahrzehnte gedient hatte, war es spätestens in der Spendenaffäre zum Bruch gekommen. Ein Zerwürfnis, über das Thomas Schäuble nach dem Verlust des Partei- und Fraktionsvorsitzes seines Bruders sagte: »Ich verabscheue Herrn Kohl und kann da für die ganze Familie sprechen.«

Wolfgang Schäuble selbst gab 2000 zu Protokoll: Da sei ein »Kampf zur Vernichtung« seiner Person geführt worden: »Ich hatte keine Chance.«

Reiz der Verhüllung: Wie Christo einen alten Kasten strahlen lässt.

Berlin, 24. Juni 1995, Reichstag

Endlich, die Politik lässt einpacken. Berlin ist verzaubert, strahlt über einen »Traum aus Folie«. Christo hat es geschafft. Als er am 24. Juni 1995 der Welt sein Monumentalkunstwerk präsentiert, den Reichstag mit silbergrauen Planen eingehüllt hat, fliegen ihm die Herzen der Hauptstädter zu. Nach dem Fall der Mauer das größte, wichtigste Ereignis für die Stadt, das sie für immer verändert hat. »Ein politisches Happening«, schwärmt die New York Times über das Wagnis, den alten grauen Kasten in der Mitte Berlins als Kunstobjekt mit 110.000 Quadratmetern aluminiumbestrahlter Folie im Licht glitzern zu lassen.

Vierzehn Tage glänzt das Objekt. Vierzehn Tage nur? In der Erinnerung scheint es, als habe Christos Kunst ein ganzes Berliner Jahrzehnt bestimmt. Und vierzehn Tage nur für ein Objekt, für das Christo und seine Ehefrau Jeanne-Claude ein knappes Vierteljahrhundert kämpfen mussten. Fast so überwältigend wie Christos Verhüllung ist die Geschichte, die hinter der Realisierung steht. Ein Kunstwerk im »Bohren dicker Bretter«, bei dem Christo letztlich Sieger blieb über die Politik, die nach Max Weber eigentlich für die Tugend der Geduld zuständig ist.

Den Bohrer aber setzte ein anderer an. Der amerikanische Journalist und Historiker Michael S. Cullen, seit den sechziger Jahren von der geteilten Stadt angezogen, schickte im August 1971 eine Postkarte des Reichstags an Christo mit der schlichten Bemerkung: »Machen Sie was draus.« Cullen war einer von vielen, die die Actionkunst des aus Bulgarien geflohenen Künstlers begeisterte. Und er war der Meinung, dass politische Kunst des öffentlichen Raums bedürfe. Der Reichstag an der Schnittstelle zwischen Ost und West war dafür ein idealer Ort.

Dem in New York lebenden Künstler war die Idee suspekt. Berlin. Er hatte Angst, dass ihn die bulgarischen Machthaber dort festnehmen und in seine alte Heimat zwingen könnten. Ein erstes Treffen mit Cullen in Zürich ändert seine Meinung. Er fordert den Historiker auf, ihm möglichst schnell die Genehmigung zu besorgen. So einfach ist das nicht. Hausherr des Reichstags ist der Deutsche Bundestag. Mit dessen Präsidentin Annemarie Renger (SPD) trifft sich Christo 1976. Die signalisiert Interesse, will aber nicht entscheiden, da sie nach der Bundestagswahl das Amt an den CDU-Politiker Karl Carstens abgeben muss. Der hält von der Idee gar nichts. Wer den Reichstag einpacke, signalisiere der DDR, ihn als Symbol der Demokratie nicht ernst zu nehmen, meint er.

Resigniert, denkt das Künstlerpaar ans Aufgeben. Doch Willy Brandt spricht ihm bei einem Besuch in New York 1981 Mut zu. »So viele Leute haben sich für das Projekt eingesetzt. Da könnt ihr es nicht einfach fallen lassen«, soll er sie laut Christo aufgefordert haben. Ein kurzer Hoffnungsschimmer, als der nächste Bundestagspräsident Rainer Barzel (CDU) Zustimmung signalisierte, bevor er wegen der Flick-Affäre sein Amt aufgeben musste. Für dessen Nachfolger Philipp Jenninger, ebenfalls CDU, war es »sakrosankt«, den Reichstag als Kunstobjekt zu missbrauchen.

Und dann der Fall der Mauer, der geplante Umzug nach Berlin, der bevorstehende Umbau des Reichstags. Kaum noch ein Zeitfenster für Christos Plan. Aber Bundestagspräsidentin Rita Süssmuth wagte es. Als sie sich erstmals am 9. Februar 1992 mit dem Künstlerehepaar in ihrem Bonner Amtssitz traf, sagte sie ihre Unterstützung zu. Wissend, dass sie in ihrer Partei mächtige Gegner hatte. Bundeskanzler Helmut Kohl war strikt dagegen, der CDU/CSU-Fraktionsvorsitzende Wolfgang Schäuble sah in dem Plan fast einen Untergang der Demokratie. Doch so kurz vor dem Ziel legten Christo und seine Ehefrau und Muse ein Meisterwerk an Lobbyarbeit hin. Mit mehr als 400 Abgeordneten aller Fraktionen suchten sie in den folgenden zwei Jahren das Gespräch, warben, überredeten, gewannen. Als der Bundestag am 25. Februar 1994 über das Projekt abstimmte, war eine überraschend starke Mehrheit auf Christos Seite. Vielleicht auch, weil Wolfgang Schäuble, einer der prominentesten Gegner, in seiner Rede total überzog und warnte, die Verhüllung könne das Land polarisieren und »das Vertrauen zu vieler Mitbürger in die Würde unserer demokratischen Geschichte und Kultur Schaden nehmen«.

292 Abgeordnete stimmten für die Verhüllung, 223 lehnten ab. Die Politik ließ einpacken. Die Bilder von diesem Ereignis gingen rund um die Welt. Auch die

Gegner waren nach der Vollendung von Christos Sommermärchen begeistert, »einem der aufsehenerregendsten Kunstprojekte der Nachkriegszeit«, wie der *Deutschlandfunk* urteilte. Und so empfanden es auch die fünf Millionen Besucher, die zum verhüllten Reichstag gepilgert waren.

Ein nobles Tänzchen: Landesmutter Heide Simonis feiert Günter Grass.

Stockholm, 30. September 1999, Jury des Literaturnobelpreises

Lange hatte er darauf gewartet. Und ebenso lange hatten sich Literaturkritiker und seine Lesergemeinde gefragt, warum die Jury des Nobelpreises für Literatur ihn überging. 27 Jahre, nachdem das Komitee in Stockholm mit Heinrich Böll erstmals nach dem Zweiten Weltkrieg einen deutschen Schriftsteller ausgezeichnet hatte, kam Günter Grass am 30. September 1999 zu Ehren. »Weil er«, so die Juroren, »in munterschwarzen Fabeln das vergessene Gesicht der Geschichte gezeichnet hat.«

Die munterste dieser Fabeln, die auch das Komitee für seine Entscheidung heranzog, die »Blechtrommel«, erschien schon 1959 und bescherte Grass Weltruhm. »Ein Buch, in dem sich das westliche Deutschland ansah wie in einem Spiegel, der trüb genug war, um die eigene Vergangenheit wie etwas Fremdes wahrnehmen zu können. Aber der Spiegel war auch noch hell genug, um die eigenen Züge erkennbar sein zu lassen, Züge, die tief geprägt waren von Gedanken an die Eitelkeit alles Irdischen, von den einfachen Dingen des bäuerlichen Lebens, von Hunger und Essen, von Weltflucht und Verneinung – kurz: von alledem, was man das ›Barocke‹ an Günter Grass genannt hat.« So würdigte der *FAZ*-Autor Thomas Steinfeld 1999 das grandiose Frühwerk des Autors, ein Monument unerschöpflicher Fabulierkunst des in Lübeck lebenden Danzigers.

Als Grass im November 1958 beim Treffen der Gruppe 47, der literarischen Avantgarde des Nachkriegsdeutschlands, im »Gasthof zur Post« in Großholzleute im Allgäu aus seinem Roman las, waren die Kollegen hin und weg. Sie ahnten, dass der schreibende Bildhauer, der aus Paris in das Provinznest gekommen war, eine neue Literaturepoche eingeläutet, oder besser, mit Oskar Matzerath, der kleinwüchsigen Hauptfigur seiner Erzählung, eingetrommelt hatte.

So begeistert waren sie, dass sie Grass mit dem Preis der Gruppe 47 auszeichneten, und der, bettelarm ins Allgäu gereist, immer kurz vor der Pleite, war über die 6.500

Mark Preisgeld wenigstens ebenso froh wie über die Girlanden, die seiner Literatur gewunden wurden.

Die »Blechtrommel« war, wie der Literaturwissenschaftler Helmut Böttiger 2015 in der *Zeit* analysierte, ein Aufbruch in die Moderne: »Die lustvolle, exzessive Sprachgewalt in seiner Prosa, das Wühlen zwischen Schweinskopfsülzen, Aalgeschlängel und Geschlechtsorganen, das ein ungestümes und deftig-sinnliches Temperament verrät – im Jahr 1958 wirkte das wie eine Befreiung.«

Aber nicht für alle in der prüden bürgerlichen Gesellschaft der frühen Republik. Zu freizügig, zu verstörend, urteilte der Bremer Senat und löste einen Eklat aus, als die Jury der Rudolf-Alexander-Schröder-Stiftung Grass 1959 mit dem bedeutenden Bremer Literaturpreis auszeichnen wollte. Der Senat lehnte ab mit der Begründung, »daß eine Auszeichnung eine Diskussion in der Öffentlichkeit hervorrufen würde, welche nicht den unbestrittenen literarischen Rang des Buches, wohl aber weite Bereiche des Inhalts nach außerkünstlerischen Gesichtspunkten kritisieren würde«.

Konkret hatte die Bildungssenatorin der Hansestadt, Annemarie Mevissen, ein Problem damit, ein Buch auszuzeichnen, dass sie als Schullektüre verbieten müsste, schreibt Böttiger in seinem Buch »Die Gruppe 47«. Renommierte Jurymitglieder wie Erich Kästner oder der Germanist Benno von Wiese traten zurück. Und Schriftstellerkollegen – unter anderem Uwe Johnson, Ingeborg Bachmann, Paul Celan – erklärten sich mit Grass solidarisch.

Mit der »Blechtrommel« war der bärtige unkonventionelle Bürgerschreck zur Leitfigur der jungen deutschsprachigen Literaturszene geworden. Wortführer bei den jährlichen Treffen der Gruppe 47 um Hans-Werner Richter. Grass trieb Kollegen an, den Schreibtisch zu verlassen und sich politisch einzumischen – für Willy Brandt und die SPD.

Viele der deutschen Autoren spekulierten, als das Nobelkomitee sich 1972 zur Auszeichnung der deutschen Nachkriegsliteratur entschloss, die Stockholmer würden Böll und Grass gemeinsam den begehrten Preis zusprechen. Auch Bundeskanzler Willy Brandt, beiden Schriftstellern freundschaftlich zugetan, mahnte in seiner Laudatio auf Böll vorsichtig an, »den Danziger« in Schweden nicht zu vergessen.

Brandt hat den Erfolg seines Appells nicht mehr erlebt. Aber das lange Warten auf Stockholm wurde dem Grass-Freund und dem Autor selbst versüßt durch eine Auszeichnung, die Hollywood Grass bescherte. Sein großer Schelmenroman wurde von Volker Schlöndorff so genial, intensiv und mitreißend verfilmt, dass der Streifen 1980 als erster deutscher Film einen Oscar bekam. Nicht nur die Romanvorlage stammte von Grass; er schrieb am Drehbuch mit und hatte großen Anteil daran, dass das Leben des kleinwüchsigen Trommlers Oskar Matzerath in lebenssatten, sinnlichen Bildern auf die Leinwand kam. Ein Film, der über die Jahrzehnte nichts an Magie verloren hat. Auch dank der großartigen Schauspielkunst, mit der David Bennett als Oskar, Mario Adorf, Angela Winkler, Otto Sander oder Charles Aznavour vor der Kamera brillierten. Ein Jahrhundertfilm über einen Jahrhundertroman.

Die »Blechtrommel« war ein früher Mount Everest der Fabulierkunst, hinter dem sich Grass und seine späteren Werke stets ein wenig ducken mussten. Alles was er danach schrieb, wurde an diesem ersten großen Wurf gemessen.

Wer zuletzt lacht: Beim Frühstück bewies Angela Merkel taktisches Geschick.

Wolfratshausen, 12. Januar 2002, Privathaus von Edmund Stoiber

Der Tisch mit weißer Decke, das Kaffeeservice der bayerischen Porzellanmanufaktur Eschenbach, Nussbaumschrank, Nussbaumregale, ein Ölgemälde mit bayerischen Gipfeln an der Wand und ein Kreuz im Herrgottswinkel – diese Essecke in der Doppelhaushälfte an der Loisach in Wolfratshausen, unzählige Male in Reportagen beschrieben, hat Geschichte geschrieben. Der Hausherr ist immer noch stolz darauf. Und immer noch empfängt er Journalisten, um das Geschehen des 12. Januar 2002 an diesem Tisch aufleben zu lassen. Er hat noch genau im Kopf, dass der Gast gerade einmal »eine halbe Semmeln« gegessen hat. Für seine Memoiren hat er mit seiner Frau Karin rekonstruiert, was der Frühstückstisch zu bieten hatte, als Angela Merkel morgens um acht Uhr an der Haustür in Wolfratshausen klingelte. »Frische Semmeln, Butter, Marmelade, Honig sowie etwas Käse und Wurst«, hat er in »Weil sich die Welt ändert« notiert.

   Nicht irgendein Frühstück, sondern eben das »Wolfratshauser Frühstück«, so ist das Treffen in die bayerische und bundesrepublikanische Geschichte eingegangen. Ein Treffen, das am Ende nach gerade mal 90 Minuten den CSU-Vorsitzenden als Kanzlerkandidaten der Union für den Wahlkampf 2002 zurückließ. Ein Treffen, das rückblickend die Kanzlerschaft für Angela Merkel 2005 erst möglich machte. Was sich an jenem Wintermorgen wie Merkels Gang nach Canossa anfühlte, stellte sich bald als genialer Schachzug für die Zukunft der CDU-Vorsitzenden dar.

   Was wie eine Niederlage aussah, als sie ihrem Gegenspieler Stoiber die Kandidatur anbot, war eine taktische Meisterleistung. Wenige Tage zuvor, beim traditionellen Jahresauftakt der CSU-Bundestagsabgeordneten in Kreuth, hatte deren Vorsitzender Michael Glos, eine glasklare Forderung aufgestellt: Der bayerische Ministerpräsident und nicht die CDU-Vorsitzende müsse im Herbst gegen Kanzler Gerhard Schröder antreten. Der grobschlächtige fränkische Müllermeister sprach aus, was viele Granden der Schwesterpartei CDU ohnehin dachten. Mächtige Strippenzieher wie der hessische Ministerpräsident Roland Koch oder der Senior unter den CDU-Ministerpräsidenten, der thüringische Regierungschef Bernhard Vogel, hatten den Daumen gegenüber Merkel längst gesenkt. Eine Abstimmung im CDU-Vorstand wäre für Merkel, erst im Frühjahr 2000 zur Vorsitzenden gewählt, schwierig geworden. Vielleicht gar ein Desaster.

Bei diesem Spiel der männerdominierten Führungsriege wollte Angela Merkel nicht mitspielen, wollte sich eine Entscheidung nicht aufdrängen lassen. Sie überließ in Stoibers Essecke dem Bayern den Vortritt zur Schröder-Herausforderung. Sie selbst werde sich dann im Falle eines Wahlsiegs um das Amt der Fraktionsvorsitzenden bewerben und den amtierenden Unionsvorsitzenden Friedrich Merz in die Wüste schicken.

Nicht nur Stoiber war mächtig stolz ob dieser Ehre. Die Christsozialen witterten die Chance, dass nach dem Scheitern des Ministerpräsidenten Franz Josef Strauß – 1980 gegen Helmut Schmidt – endlich einer der ihren in das Kanzleramt einziehen würde.

Schlecht standen die Chancen nicht. Als der Wahlkampf im Sommer Fahrt aufnahm, zeichnete sich ein Kopf-an-Kopf-Rennen ab, bei dem der Amtsinhaber nur punkten konnte, weil er sich im August bei der Sommerflut an Oder und Elbe als »Deichgraf« in Stiefeln und Regenjacke vor Ort in Szene setzte. Und weil er frühzeitig Signale gab, bei einem möglichen US-Krieg gegen den Irak nicht mitzuziehen.

Am Wahlabend des 22. September sah sich ein überglücklicher Stoiber schon am Ziel. Die Union war nach ersten Hochrechnungen mit 38,5 Prozent wieder stärkste Kraft. Er verkündete schnell nach Schließung der Wahllokale: »Eines ist klar. Wir haben die Wahl gewonnen.« Doch je länger der Abend dauerte, je mehr Stimmen ausgezählt waren, konnte die SPD aufholen, lag am Ende ebenfalls bei 38,5 Prozent, aber mit 6.027 Stimmen hauchdünn vorn.

Wieder war ein Bayer im Bund gescheitert, wieder war kein Christsozialer Kanzler geworden. Der Popularität Stoibers tat das in seinem Stammland keinen Abbruch. Im Gegenteil: Bei den Landtagswahlen im Jahr 2003 belohnten ihn die Bayern mit einer Zweidrittelmehrheit. Trotz Niederlage in Berlin war er auf dem Höhepunkt seiner Macht. Die Schmach war weggedrückt, verdrängt.

Geblieben ist die Erinnerung an jenes Frühstück am Wintermorgen. Eine Erinnerung, die Edmund Stoiber gern aufleben lässt gegenüber Journalisten. Wohlwissend, dass diese 90 Minuten für die »weitere Laufbahn« des Gastes »außerordentlich förderlich« waren. Dass auch Angela Merkel das Treffen unter dem Herrgottswinkel der Stoibers in bester Erinnerung hat, wen wundert's? Ihr Verzicht war der Grundstock ihres späteren Erfolgs. So gern erinnert sie sich daran, dass sie zum 70. Geburtstag Edmund Stoibers im September 2011 laut *Süddeutscher Zeitung* schwärmte: »Ich glaube, wir haben dem deutschen Frühstück mit unserem Frühstück in Wolfratshausen wieder zu mehr Achtung und Anerkennung verholfen – nicht dass das in Vergessenheit gerät.«

Na ja, was heißt schon Frühstück. Gerade einmal eine »halbe Semmeln«. Da haben andere Gäste, die die Stoibers in ihre Essecke geladen haben, kräftiger zugegriffen. Beispielsweise der Gegenspieler Stoibers im Wahlkampf 2002. Gerhard Schröder erwies dem Bayern als Ex-Kanzler 2007 die Referenz in der Doppelhaushälfte an der Loisach und frühstückte – bayerisch zünftig – Weißwürste und Weißbier.

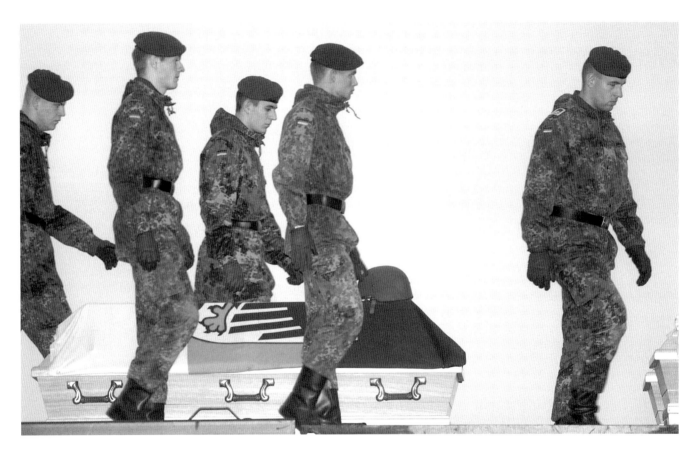

Immer gewusst, dass dieser Augenblick kommen würde:
Sieben tote Bundeswehrsoldaten an Weihnachten 2002.

Köln-Wahn, 25. Dezember 2002, Militärflugplatz

Die Anspannung stand Peter Struck ins Gesicht geschrieben. Wortlos, an seiner Pfeife saugend, starrte der Verteidigungsminister aus dem Fenster der Regierungs-Challenger in die Wolken. Er wusste auf dem Flug von Hannover nach Köln-Wahn, dass ihn an diesem Weihnachtstag nach der Landung die schwierigste Herausforderung seines Amtes erwartete.

Was sollte er den Menschen sagen, die an diesem verregneten Festtag in das karge Empfangsgebäude des militärischen Flughafens gekommen waren, um auf die Ankunft der Antonow-Maschine zu warten? Sie brachte sieben Tote aus Afghanistan heim, ihre Söhne, Männer, Väter, Brüder.

Die Nachricht vom Tod der sieben Soldaten, die bei einem Erkundungsflug mit einem Hubschrauber vom Typ Sikorski CH 53 in der Nähe Kabuls abgestürzt waren, hatte ihn in den Mittagsstunden des 21. Dezembers 2002 erreicht. Die erste und schlimmste Vermutung, der Absturz sei Folge eines Taliban-Angriffs gewesen, bestätigte sich nicht. Ein technischer Fehler oder menschliches Versagen? Für Peter Struck in diesen Minuten unbedeutend. Sieben Menschen waren gestorben in einem Einsatz, den er als oberster Befehlshaber der Armee zu vertreten hatte. Vor dieser Verantwortung konnte und wollte er sich nicht drücken.

»Was auch immer zu dem Unfall geführt hatte«, schrieb er später in seiner Autobiografie über seine Empfindungen in diesen Minuten, »ich trug die Verantwortung für den Tod der Soldaten. Ich hatte sie in den Einsatz geschickt; ich war der Dienstherr, der vor Müttern verlorene Söhne, vor Frauen getötete Männer und vor Kindern im Einsatz gebliebene Väter verantworten musste. Natürlich hatte ich immer gewusst, dass dieser Augenblick kommen würde, hatte mir auch Worte dafür zurecht- und einen Harnisch aus rationalen Erklärungen angelegt. Und doch war ich erst mal wortlos, fassungslos und erklärungslos, als die Situation eintraf.«

Deshalb entschied er, die Rückführung der Soldaten nach Deutschland mit einem offiziellen Trauerakt auf dem Flughafen Köln-Wahn zu begehen. Struck wollte den Angehörigen zeigen, dass nicht nur die Bundeswehr, sondern das Land Anteil nahm an der gefährlichen Aufgabe, die die Soldaten in Afghanistan übernommen hatten. Er wollte den Bürgerinnen und Bürger aber auch deutlich machen, dass der von ihm postulierte Satz – »Die Sicherheit Deutschlands wird auch am Hindukusch verteidigt« – keine rein humanitäre Mission bedeute. Er wollte wach rütteln, dass es bei dem Einsatz in Afghanistan nicht nur um den Aufbau des Landes gehe, sondern um den Kampf gegen die Taliban, der das Risiko von töten und getötet werden nicht ausschließt. Eine Tatsache, die in Deutschland verdrängt wurde. Eher nahm eine breite Öffentlichkeit an, das Kontingent deutscher Soldaten habe am Hindukusch vorrangig die Aufgabe, Schulen zu bauen, Brunnen zu bohren. Nichts anderes als eine Art technisches Hilfswerk.

Als die Särge der Soldaten, bedeckt mit der Nationalflagge und dem Stahlhelm der Toten, begleitet von Trommelwirbeln des Ehrenbataillons, aufgereiht wurden, berichteten die Fernsehsender der Republik von einer »bewegenden Zeremonie«. Die Bilder erreichten die Deutschen in den Abendnachrichten. Mag sein, dass die ohnehin emotional aufgeladenen Weihnachtstage ihren Teil dazu beitrugen, dass der Tod der Soldaten das Land tief bewegte. So sehr, dass Bundespräsident Johannes Rau es bei der Zeremonie auf dem Flugfeld nicht belassen wollte, sondern einen Gedenkgottesdienst für die Opfer wenige Tage später im Bonner Münster anregte. Dort prophezeite der Präsident den Deutschen, dass der Einsatz für den Frieden in Afghanistan schmerzlich werden könne.

In diesen Tagen nahm die Republik Anteil an den Gefährdungen der Soldaten im Auslandseinsatz. Vereidigungminister Peter Struck sah es als seine Pflicht an, »das Gedenken getöteter Soldaten so öffentlich wie möglich zu machen«. Sein Eintreten dafür war in der Bundeswehr nicht unumstritten. Es gab die Befürchtung, diese hochrangigen Akte könnten die politische Leitung und militärische Führung der Armee bald überfordern.

Wahr ist, dass die emotionale Anteilnahme der Bevölkerung am Schicksal deutscher Soldaten in Afghanistan niemals mehr diesen Grad erreichte. Als wenige

Monate später, Pfingsten 2003, vier Soldaten auf der Fahrt zum Flughafen in Kabul durch den Selbstmordanschlag von Taliban starben, blieben ihre Familien und die Bundeswehr mit ihrer Trauer weitgehend allein. Und Todesfälle bei kriegerischen Angriffen der Taliban wurden in der Öffentlichkeit eher routinemäßig registriert, höchstens noch als Beleg dafür, dass der Einsatz ohnehin sinnlos und gescheitert sei.

Die Bundeswehr selbst war auch nicht darauf vorbereitet, wie sie mit Opfern in Auslandseinsätzen umgehen sollte. Es dauerte bis 2009, bevor im Berliner Bendlerblock, dem Sitz des Verteidigungsministeriums, ein Ehrenmal für gefallene Soldaten eingeweiht wurde. Vorangegangen war eine zähe Debatte darüber, ob dort nur im Auslandseinsatz gefallener Soldaten oder aller im Dienst getöteter Soldaten gedacht werden sollte. Noch länger, bis 2010 währte es, bis die Betreuung von Opfern und Verletzten bei Auslandseinsätzen sowie deren Angehörigen im Verteidigungsministerium eine feste, institutionalisierte Stelle fand. Eine Aufgabe, die angesichts der Opferzahlen allein in Afghanistan immer wichtiger wurde: 35 Soldaten sind am Hindukusch seit 2002 gefallen.

Kalte Schulter: Gerhard Schröder und George W. Bush beim NATO-Gipfel in Prag.

Goslar, 21. Januar 2003, Marktplatz

Die Abfuhr kam aus der niedersächsischen Provinz. So klar wie an jenem Januarabend in Goslar 2003 hatte sich Bundeskanzler Gerhard Schröder noch nie gegen den drohenden Krieg der USA gegen den Irak gestellt. Unmissverständlich rief er den Menschen zu, die zu seinem Landtagswahlkampfauftritt gekommen waren: »Rechnet nicht damit, dass Deutschland einer den Krieg legitimierenden Resolution zustimmt, rechnet nicht damit.« Damit hatte er alle Spekulationen beendet, wie sich seine Regierung verhalten werde, sollte sich die US-Regierung im Weltsicherheitsrat den Kampf gegen Saddam Hussein legitimieren lassen. Ein Paukenschlag, ein endgültiger Bruch mit der Kriegstreiberei von George W. Bush. Und an diesem Abend aus der ehemaligen Kaiserpfalz im Harz auch ein Signal an die französischen Nachbarn. Die sollten einen Tag vor dem 40-jährigen Jubiläum des deutsch-französischen Élysée-Freundschaftspaktes sicher sein: »Unter meiner Führung wird sich Deutschland an einer militärischen Intervention nicht beteiligen.«

Eine Entscheidung, die monatelang politisch viel Kraft gekostet und dem Kanzler und seiner rot-grünen Regierung den Vorwurf eingebracht hatte, die partnerschaftlichen Beziehungen zu den USA zu verspielen. Allerdings hatte Schröder in der deutschen Bevölkerung viel Beifall erhalten, als er im August 2002 nach ersten Kriegsdrohungen der Bush-Regierung gegen den Irak im aufziehenden Bundestagswahlkampf noch vage erklärt hatte: »Wir sind zur Solidarität bereit. Aber dieses Land wird unter meiner Führung nicht zu Abenteuern zur Verfügung stehen.«

Was dem Wahlkämpfer Schröder im eigenen Land Sympathien einbrachte, erzeugte in der US-Administration enormen Druck. George W. Bush wollte von einem Schlag gegen Hussein nicht lassen. Dafür mussten gefälschte Hinweise auf fortgeschrittene Fähigkeiten des Iraks zum Bau von Atombomben her. Er berief sich ausgerechnet auf einen angeblichen Informanten des deutschen Auslandsgeheimdienstes BND, den aber gerade dieser BND als unglaubwürdig eingestuft hatte. Das hinderte die USA nicht, diese Quelle immer wieder als Beleg für die nukleare Bedrohung durch den Irak anzuführen. Außenminister Colin Powell führte sie wahrheitswidrig vor dem Weltsicherheitsrat an. Jahre später bekannte er, dieser Auftritt sei ein Schandfleck in seiner politischen Laufbahn.

Das Klima zwischen der deutschen Regierung und dem Weißen Haus war vergiftet. So vergiftet, dass der US-amerikanische Verteidigungsminister Donald Rumsfeld sich bei einem Treffen der NATO-Verteidigungsminister Ende September in Warschau weigerte, seinem deutschen Kollegen Peter Struck die Hand zu geben. Für die Amerikaner war es ein Schock, dass Schröder und nicht der Kandidat von CDU und CSU, Edmund Stoiber, die Bundestagswahl im September gewonnen hatte. Denn die CDU-Vorsitzende Angela Merkel hatte Bush beruhigt, so skeptisch wie der SPD-Kanzler sähen viele Deutsche einen Waffengang gegen Hussein nicht.

Jetzt musste Bush weiter mit einer Regierung in Berlin leben, die aus der NATO-Phalanx ausscheren wollte. Mit dabei: der NATO-Zwerg Belgien und Frankreich. An die Standfestigkeit der französischen Regierung unter François Mitterrand wollten viele deutsche Militärs nicht glauben. Sie warnten, bei einer Weigerung Deutschlands werde die atlantische Freundschaft zerstört, Frankreich am Ende klein beigeben und die Schmach der Deutschen umso größer erscheinen lassen.

Monate des Hin und Her. Monate, in denen jedes Wort zur deutschen Haltung in die Waagschale geworfen wurde. Monate der Anspannung, die Verteidigungsminister Peter Struck so beschrieb: »Zwar hatte es auf dem NATO-Gipfel am 21. November in Prag versöhnliche Bilder von US-Präsident Bush und Kanzler Schröder gegeben, aber die spiegelten nicht die wahre Stimmung. Für neue Verschärfungen sorgte mein Kollege Rumsfeld, indem er sich über das alte Europa, sprich, die Einsatz-Kritiker Frankreich und Deutschland, lustig machte und die neuen EU-Mitglieder lobte, die fast ausnahmslos auf Seiten der USA waren. Im Vorfeld der Münchener Sicherheitskonferenz (7./8. Februar 2003) setzte der Krawall liebende US-Minister noch einen drauf und stellte Deutschland wegen seiner Skepsis gegenüber dem Irak-Einsatz in die Reihe von ‚Schurkenstaaten' wie Kuba und Libyen«.

Die Regierung Schröders hielt diese Schmähungen aus. Ihre Befürchtung, dass eine militärische Aktion für die Region verheerende Folgen haben würde, hat sich bewahrheitet. Der Krieg der USA unter George W. Bush, durch eine »Koalition der Willigen«, allen voran Großbritannien, unterstützt, war das, vor dem Schröder gewarnt hatte: ein Abenteuer, das ein Land zerstört, den mittleren Osten destabilisiert und den internationalen Terrorismus gefährlich befördert hat.

Das Nein von Goslar, die Standfestigkeit von Bundeskanzler Gerhard Schröder dagegen bleibt als eine der wichtigsten und richtigen Entscheidungen mit der rot-grünen Regierungszeit verbunden.

Monströse Brutalität: Der Amoklauf von Robert Steinhäuser.

Erfurt, 26. April 2002, Gutenberg-Gymnasium

Die Mitschüler mochten den jungen Mann. Kontaktfreudig sei er gewesen, beliebt, ein Mensch mit festem Freundeskreis. Kein Einzelgänger, kein Eigenbrödler. »Auffällig unauffällig«, wie die Ermittlungsbehörden ihre ersten Erkenntnisse über den 19-jährigen Robert Steinhäuser zusammenfassten, den das Sondereinsatzkommando der Landespolizei Thüringen am 26. April 2002 gegen 13.30 Uhr erschossen in Raum 111 des Erfurter Gutenberg-Gymnasiums fand. »Steini«, wie sie ihn nannten, hatte sich selbst getötet, nachdem er zwölf Lehrer, eine Sekretärin, zwei Mitschüler und einen Polizisten umgebracht hatte.

Ein Amoklauf, der das Land in Entsetzen versetzte. Ein Verbrechen in der deutschen Provinz, wie man es bis zu jenem Tag nur aus den waffenstarrenden USA kannte. Eine Tat von unglaublicher Brutalität, bei der der Täter gezielt und tödlich mit seinen Lehrern abrechnete und den Tod anderer in Kauf nahm.

Auffällig unauffällig? Wollte er sich rächen dafür, dass er kurz vor dem Abitur wegen gefälschter Krankschreibungen von der Schule – unrechtmäßig, wie sich später zeigte – verwiesen worden war? Hatten seine Gewaltfantasien ihren Ursprung im exzessiven Konsumieren von Killer-Computerspielen? War er einem Schützenverein nur beigetreten, um Zugang zu Pistolen und Gewehren zu erhalten? Und hatte er sich unrechtmäßig – befördert durch Behördenschlamperei – die Mordwaffen, eine Pistole Typ »Clock 17« und eine Pumpgun beschafft?

Die Beschreibungen der Mitschüler passten nicht zu den Erwartungen, die sich mit einem solchen Täter verbinden. Um das Unerklärliche zu erklären, war es einfacher, ihn als Einzelgänger, verschlossen, computersüchtig zu inszenieren. Ein Unauffälliger, der ein Massaker verübte, das in seiner Monstrosität selbst das übertraf, was man an Schulmassakern aus der Ferne der USA erlebt hatte.

Hilf- und ratlos entwickelt sich jenseits des Entsetzens über die Tat eine heftige Debatte darüber, was gesellschaftlich und politisch fehlgelaufen sein könnte. Eine Verschärfung des Waffenrechts. Kurioserweise war gerade an diesem 26. April eine Altersanhebung für den Waffenerwerb von 18 auf 21 Jahre beschlossen worden. Genauso heftig wurde ein Verbot von gewaltverherrlichenden Videos und Filmen ins Spiel gebracht, für das sich ein von der CDU initiiertes »Bündnis gegen Gewalt« aussprach.

Für kurze Zeit war der Amoklauf von Erfurt zu einer nationalen Tragödie geworden. Und die Politik suchte nach Antworten. »Gewalt und Gesellschaft – Ursachen erkennen, Werte vermitteln, friedliches Zusammenleben stärken«, unter diesem Titel debattierte der Deutsche Bundestag zwei Monate nach der Bluttat über mögliche Gegenrezepte. Eine Kommission aus hochrangigen Juristen arbeitete die Horrorszenen jenes Freitags über zwei Jahre auf, versuchte Motive des Täters und Versäumnisse in Schule und Erziehung aufzuhellen.

Während der Erfurter Amoklauf eines Minderjährigen nationale Anteilnahme fand, in seiner Brutalität den Nimbus der Einmaligkeit erhielt, geschahen in der Folgezeit eine Reihe von ähnlichen Gewaltattacken von Schülern an ihren Schulen, ohne dass sie auf dem Radar des überregionalen Medieninteresses wahrgenommen wurden. Erst das Attentat im baden-württembergischen Winnenden, bei dem der 17-jährige Schüler Tim Kretschmer am 11. März 2009 17 Menschen und sich selbst erschoss, erhielt bundesweit ähnliche Aufmerksamkeit. Dass es wieder ein jugendlicher Sportschütze war, der die Mordwaffe, eine Pistole vom Typ Beretta aus dem Arsenal seines Vaters – eines leidenschaftlichen Sportschützen – genommen hatte, ließ die Diskussionen von 2002 aufleben. Wieder einmal wurde die Verschärfung des Waffenrechts diskutiert, wieder einmal das Verbot von Killerspielen gefordert. Wieder einmal eine stärkere Kontrolle von Schützenvereinen und deren Mitgliedern gefordert.

Noch am Tag des Attentats in der Albertville-Realschule in Winnenden wurde in Berlin eine Aktionsgemeinschaft »Keine Mordwaffen als Sportwaffen« gegründet. Die Initiatoren legten 2010 Verfassungsbeschwerde gegen das geltende Waffenrecht ein. Ohne Erfolg. Das Verfassungsgericht entschied 2013, die geltenden Regeln seien nicht völlig ungeeignet, um die Gesellschaft »vor den Gefahren des missbräuchlichen Umgangs mit Schusswaffen zu schützen«.

Die Antwort betroffener Eltern in Winnenden: Sie gründeten eine Stiftung, die Kurse in Klassen und ein Nottelefon anbietet, um weitere Gewalttaten zu verhindern. Die Nachfrage ist riesengroß.

Papstfieber: Benedikt XVI. besucht seinen Geburtsort.

Marktl am Inn, 21. August 2005, Marktplatz

Es war ein himmlisches Spektakel. Der Papst, ihr Papst war bei ihnen, aber nicht da. Tausende, unter ihnen viele jugendliche Pilger, hörten ihn auf dem kleinen Marktplatz, beteten mit ihm ein Ave Maria und schienen für ein paar Minuten dem Himmel ganz nah zu sein. Jedenfalls jenem Himmel, aus dem die Lufthansa-Maschine »Regensburg« gegen 20.30 Uhr nach unten gesunken war, eine Runde über die bayerische Heimat Benedikts flog und besonders tief über seinem Geburtsort Marktl am Inn kreiste und die Menschen auf dem Marktplatz in Verzückung versetzte. Vollends, als per Funk aus dem Cockpit der Boeing die Stimme des Papstes mit der Botschaft erklang: »Ich hoffe, dass ein Funke der Freude, die ich erlebt habe, auch auf Marktl überspringt und danke für alles, was sie tun, damit dort eine würdige Begegnung mit den Fragen des Glaubens möglich wird.«

Einer der ihren, der auf dem Weg vom Weltjugendtag in Köln am späten Sonntagabend des 21. August 2005 zurück in den Vatikan war und ihnen diese Ehre erwies. Sie waren stolz auf seine Verbundenheit. Und ganz besonders seit jenem 19. April, als Joseph Kardinal Ratzinger als neuer Papst vom Balkon des Petersdoms aus die Welt mit den Worten begrüßte: »Liebe Schwestern und Brüder, nach dem großartigen Papst Johannes Paul II. haben mich die Herren Kardinäle als einfachen Arbeiter im Weinberg des Herrn zum Diener der Kirche gewählt.«

Bild gab das Gefühl der Deutschen an jenem Tag wieder mit der Schlagzeile »Wir sind Papst.« Galt das nicht ganz besonders für die knapp 3.000 Bewohner des niederbayerischen Marktfleckens? Und war es mit ihrem kleinen Ort nicht ähnlich, wie der Evangelist Matthäus (Kapitel 2, Vers 6) den Propheten Micha zu Bethlehem zitiert hatte: Du Marktl bist keineswegs die geringste unter den Städten Bayerns, denn aus dir wird ein Herrscher hervorgehen.

So vermessen waren die Marktler natürlich nicht. Aber auch nicht so bescheiden, dass sie nicht nach der Wahl Benedikts eine neue Zeitrechnung für ihren Ort beanspruchten. Und sich sonnten in diesem Glanz, weil Joseph Ratzinger in ihrem Dorf am Karsamstag des 16. April 1927 geboren, in der Pfarrkirche St. Oswald getauft worden war und die ersten beiden Lebensjahre mit seiner Familie dort verbracht hatte. Fast prophetisch hatten sie ihn schon zu seinem 70. Geburtstag, 1997, als er Kurienkardinal in Rom war, zum Ehrenbürger ernannt, und Ratzinger hatte sich dafür bei »all den freundlichen und wohlgesonnenen Menschen« mit der Bemerkung bedankt: »Nach langer Lebensreise ist es schön, seine Wurzeln wieder zu entdecken.«

Und diese Wurzeln wollten Hunderttausende aus aller Welt sehen, seit der Ehrenbürger von Marktl Stellvertreter Gottes auf Erden geworden war. Das Dorf platzte in den ersten Jahren nach der Wahl aus allen Nähten und entdeckte, dass sich mit der Frömmigkeit der Papst-Verehrer wunderbare Geschäfte machen ließen. Devotionalien jeglicher Art, Tassen und Kerzen mit dem Papst-Konterfei, Benedikt-Bier, Benedikt-Würste, Benedikt-Brot. Für viel weltlichen Profit musste der Heilige Vater herhalten. »Media-Marktl« spotteten die Bayern über das Geschäftsmodell, das der Ort entwickelt hatte.

Aber auch die Frömmigkeit kam nicht zu kurz. Das Taufbecken, in dem der kleine Joseph getauft worden war, längst ausgemustert, wurde nun restauriert und bekam seinen Platz wieder in der Pfarrkirche. Im Rathaus entstand ein kleines Benedikt-Museum. Mit finanzieller Unterstützung der Diözese München wurde 2006 das Geburtshaus Ratzingers erworben und renoviert. Die »Stiftung Geburtshaus Papst Benedikt XVI.« zeichnete fortan den geistige Werdegang des Papstes nach.

Der Ort und sein Bürgermeister Hubert Gschwendtner, der Kardinal Ratzinger öfter in Rom besucht hatte, waren im Rausch. Besonders, als der bayerische Papst für den 11. September 2006 einen Besuch in seinen Geburtsort angekündigt hatte. Ein Kurzbesuch, aber immerhin. Für zwei Stunden machte er Station und konnte aus dem Papamobil heraus bestaunen, wie sehr Marktl zu einem Benedikt-Ort geworden war. Das besondere Geschenk der Gemeinde, von einem Unternehmer finanziert: eine vier Meter hohe »Benediktsäule« aus Bronze, ein Entwurf des Künstlers Joseph Michael Neustifter, die beim Besuch auf dem Platz vor dem Geburtshaus eingeweiht wurde.

Diese beiden Stunden waren – und blieben – der Höhepunkt des Benediktfiebers in dem Örtchen am Inn. Die Zahlen der Besucher – 200.000 pro Jahr in den ersten Jahren seines Pontifikats – schrumpften auf 15.000 bis 20.000 herab. Der Boom war vorbei. Erst recht, seit Benedikt von »dem schönsten Amt der Welt« zurückgetreten ist. Inzwischen hat Marktl am Inn, das sich 2005 so herausputzte, die gleichen Problemen wie andere Dörfer in der deutschen Provinz: aufgegebene Geschäfte, aufgegebene Kneipen. Aber immer noch ist es Geburtsort des ersten deutschen Papstes seit dem Mittelalter.

Und etwas Himmlisches, das die Marktler an jenen Überflug vom 21. August erinnern wird, ist geblieben. Der Ort selbst ist dem Himmel nahe gekommen: Ein City-Liner der Lufthansa wurde 2011 auf den Namen »Marktl« getauft. Nicht wie üblich mit einer Flasche Sekt, sondern mit Weihwasser aus dem Taufbecken Benedikts.

Eher in eine Moschee?: Dombaumeisterin Barbara Schock-Werner, Domprobst Norbert Feldhoff, Gerhard Richter.

Köln, 25. August 2007, Dom

»Das Fenster passt nicht in den Dom. Es passt eher in eine Moschee oder ein Gebetshaus.« Deutlicher kann ein Verdikt kaum ausfallen. Der Kölner Erzbischof liefert es einer Boulevardzeitung – an Bord eines Rheindampfers in Düsseldorf. Ein Eklat der Extraklasse. Und drei Protagonisten, die ihn für ihren Bekanntheitsgrad nicht nötig hatten.

Erstens: der Kölner Dom. Auch ohne seine Vorgängerbauten fast 800 Jahre alt. Weltkulturerbe. Eine lichtdurchflutete gotische Kathedrale mit mehr Fenstern, als jede andere hat. Kostbaren Fenstern, die Zeugnis geben von Kirchen- und Stadtgeschichte. Pilgerziel seit Jahrhunderten: Ohne den goldenen Schrein mit den Gebeinen der Heiligen Drei Könige hätte die Stadt am Rhein niemals eine vergleichbare Bedeutung erlangt. Heute täglich geflutet von Tausenden Touristen.

Zweitens: Kardinal Joachim Meisner. Seit 1989 Erzbischof von Köln, Intimus des polnischen Papstes und zu jener Zeit einer der einflussreichsten Kleriker in Deutschland. In der Nachfolge des hochverehrten Kardinals Josef Frings (der in der Nachkriegszeit das »Fringsen«, das in Notlagen zu akzeptierende Stehlen von Lebensmitteln legitimierte) und des sanften Menschenfreundes Joseph Höffner, der 18 Jahre auf dem Bischofsstuhl von Köln saß, hatte es Meisner nicht leicht gehabt. Gegen den Mann aus Breslau, von 1980 bis 1989 Erzbischof von Berlin mit zutiefst konservativen Überzeugungen, wehrte sich das Domkapitel mehr als ein Jahr lang – dann hatte Johannes Paul II. die Ernennung durchgesetzt.

Und drittens: Gerhard Richter. Geboren 1932 in Dresden, teuerster Maler der Gegenwart, dessen erfolgreiches Künstlerleben auch die Tragödien des 20. Jahrhunderts streift. Kunststudium in Leipzig, Flucht aus der DDR in den Westen, Professor an der Kunstakademie Düsseldorf, schicksalhafte familiäre Verstrickung mit dem

NS-Arzt Heinrich Eufinger, unbewusst-berührend gespiegelt in seinem Bild »Tante Marianne«. Im Museum of Modern Art New York ist er mit seinem berühmten RAF-Zyklus »18. Oktober 1977« ebenso präsent wie in allen anderen großen Sammlungen des Kontinents. Und seit langem in Köln zu Hause, Ehrenbürger der Domstadt. Bei allem Ruhm ein bescheiden auftretender Künstler, der alles Promi-Getue meidet.

Barbara Schock-Werner, die selbstbewusste Kunsthistorikerin und von 1999 bis 2012 erste Dombaumeisterin der Kölner Kathedrale, hatte bei diesem weltweit renommierten Künstler angefragt, ob er ein 106 Quadratmeter großes Fenster im Südquerhaus des Doms, seit Kriegszeiten mit blassen Ornamentscheiben gefasst, gestalten könne und wolle. Der aus der Kirche ausgetretene Protestant: »Ich erschrak erst mal – und fand dann die Idee sehr, sehr faszinierend.« Auch wenn er den Glauben der katholischen Kirche nicht teilen könne, sehe er sich durch sie geprägt und als ihr »Sympathisant«.

Zwei figürliche Entwürfe für das neue Südfenster – Wunschvorstellung: Märtyrer des 20. Jahrhunderts wie Edith Stein – hatte das Domkapitel als Bauherr abgelehnt, künstlerisch nicht akzeptabel. Nahezu einstimmig votierte es 2005 für Gerhard Richter. Der nahm sein abstraktes Bild »4096 Farben« aus dem Jahr 1974 zum Vorbild und gestaltete das Dom-Fenster aus 11.263 Quadraten in 72 Farbtönen. Um die Glaskacheln zu mischen, nutzte er einen Zufallsgenerator: »Wenn ich so tue, als könnte ich Heilige malen, käme mir das wie eine Art Theater vor.« Außerdem wolle er zeigen, dass die Kirche in einer neuen Zeit mit all ihren Schwierigkeiten lebe. Richter verzichtete auf jegliches Honorar, Herstellung und Einbau finanzierten Stifter aus dem In- und Ausland. Kardinal Meisner war an diesem Votum nicht beteiligt.

Das Richter-Fenster wurde am 25. August 2007 in einem Festgottesdienst enthüllt. Tags zuvor lobte Barbara Schock-Werner »den überirdischen Glanz« und die farbfrohen Lichtspiele. Kardinal Meisner blieb dem Ereignis fern – Termin in Polen. Da war in Köln längst durchgesickert, dass er hinter den Kulissen vehement gegen das abstrakte Kunstwerk polemisierte hatte. Seine Ablehnung ging so weit, dass er seinen Bischofsstuhl versetzen lassen wollte, um das charismatische Lichterspiel aus dem Augenwinkel zu verlieren.

Wenige Tage später dann an Bord des Rheinschiffes der Verriss: »Wenn wir schon ein neues Fenster bekommen, dann soll es auch deutlich unseren Glauben widerspiegeln und nicht irgendeinen!« Ein Shitstorm folgte. Gerhard Richter blieb sachlich: »Zum Islam habe ich gar keine Beziehung.« Kasper König, langjähriger Chef des renommierten Museums Ludwig, kam gewohnt ruppig rüber: »Arrogant« fand er Meisners Urteil, Fenster und Kathedrale bildeten eine »erstaunliche Einheit«. Die konservative *FAZ* konstatierte »altbackene Vorurteile eines Kardinals«: In Richters Fenster komme ein mittelalterliches Lichtverständnis zum Tragen, das das Prinzip der Diaphanie in gesteigerter Form erfahren lasse. Und Werner Thissen, Erzbischof in Hamburg, fand: »Die unzähligen farbigen Rechtecke lassen sich erschauen wie die Bruchstücke der eigenen Seelenlandschaft.« In Leserbrieforen tobte eine Meinungsschlacht zwischen »Dreck«, »Beliebigkeit« und »Zeitgeist« auf der einen Seite und der Ansicht, das Farbenspiel gebe einen Blick frei in tiefste göttliche Schöpfungskraft.

Akzeptiert hat der Erzbischof, der 2014 starb, das Kunstwerk nie, doch irgendwann befand er, er habe Wesentlicheres, über das er sich ärgere. Köln verdankt ihm indes nicht nur diese hitzige Debatte. Joachim Kardinal Meisner war durchaus kunst- und geschichtsaffin. In seiner Zeit als Kölner Oberhirte entstand mit der Akzeptanz hoher Kosten das Kolumba-Museum des Erzbistums Köln, ein Meisterwerk des Schweizer Spitzenarchitekten Peter Zumthor. Ein Highlight der Moderne in der Domstadt!

Es wird geschätzt und viel besucht – wie das Richter-Fenster in der Kathedrale. Wann immer Sonnenstrahlen auf das Südfenster fallen, sitzen die Menschen gegenüber auf den Bänken des nördlichen Querhauses und bestaunen den mystischen, gläsernen Farbenteppich, der so abstrakt und so rätselhaft ist. »Für mich symbolisiert er das Geheimnis des Glaubens«, sagte eine kleine Lady, die wie Gerhard Richter nicht glauben kann, aber ohne seine Prägung nicht leben will…

Ein Landhotel als Schicksalsort: Der Rücktritt von Kurt Beck als SPD-Vorsitzender.

Schwielowsee, 7. September 2008, Landhotel Ferch

Der Morgen war grau. Leichte Nebelschwaden zogen über den Schwielowsee. Idylle pur über dem brandenburgischen Landstrich, in den sich schon Albert Einstein zum Denken zurückgezogen hatte. Idylle? Hätte es da nicht am Seeufer im Wellnessresort Werder diesen Auflauf gegeben. Hundertschaften von Journalisten, Staatskarossen aus der ganzen Republik, Sozialdemokraten aus Parteivorstand und Bundestagsfraktion. Gespannte Erwartung. Es war durchgesickert, dass hier bei einem als Wirtschaftstagung geplanten Treffen Parteichef Kurt Beck den künftigen Kanzlerkandidaten vorstellen wollte. Ein feiner Ort für einen großen Auftritt.

Beck sollte diesen Ort als Parteivorsitzender nie mehr erreichen. Während die SPD-Führungsleute in dem exklusiven Resort untätig auf den Beginn der Tagung warteten, spielte sich einige Kilometer entfernt in dem bescheidenen Landhotel Ferch ein politisches Drama ab. Beck hatte dorthin kurzfristig das engste Führungsteam einbestellt, seine Stellvertreter Andrea Nahles, Peer Steinbrück und Frank-Walter Steinmeier, den Vorsitzenden der SPD-Bundestagsfraktion, Peter Struck, und Generalsekretär Hubertus Heil, um ihnen entnervt den Parteivorsitz vor die Füße zu werfen.

Die kleine sozialdemokratische Gesellschaft war nicht willkommen in dem Landhotel. Während die SPD-Spitzen um die Zukunft der Partei und ihres Vorsitzenden rangen, war das Personal besorgt, die aufgebrachten Genossen könnten die Sonntagsbesucher von einem gewohnt ruhigen Mittagessen abhalten. Da die Debatten, ob Beck einen Rücktritt vom Rücktritt erwägen könne, und wenn nicht, wer sein Nachfolger werden solle, kein Ende nahmen, wurden sie schließlich von der Hotel-Terrasse komplimentiert. Auf dem Parkplatz zwischen ihren Limousinen mussten sie ein unschönes Kapitel der Parteigeschichte schreiben.

Die Szene war surreal. Entschlossen zu gehen, wollte Beck dennoch über seinen Nachfolger mitbestimmen. Sein Favorit war Frank-Walter Steinmeier. Der lehnte ab. Die Belastung, Außenminister, künftiger Kanzlerkandidat und dann noch Parteivorsitzender – sie war ihm zu groß. Zweiter Vorschlag: Arbeitsminister Olaf Scholz. Den wollten die anderen nicht akzeptieren. Dann ein Tiefschlag für Beck: Steinmeier schlug als Retter in der Not den Vorvorgänger Becks als dessen Nachfolger vor: Franz Müntefering. Diese Idee empfand der Rheinlandpfälzer nicht zu Unrecht als »größte Demütigung meines politischen Lebens«.

Gerade in Müntefering sah der seit Monaten glücklose Parteivorsitzende den Drahtzieher, der seine Autorität untergraben hatte, der sein Umfeld nicht davon abgehalten hatte, Beck als Provinzgröße zu karikieren. Unfähig, in der politischen Liga Berlins mitzuspielen.

Allerdings: Kurt Beck hatte sich trotz der von Müntefering unübersehbar demonstrierten Verachtung drei Tage vor diesem Sonntag auf einen Deal mit dem Mann eingelassen, der sich nach seinem Rücktritt als Arbeitsminister und Vizekanzler im Herbst 2007 halb ins Private zurückgezogen hat, um seine kranke Frau zu pflegen. Das Desaster im Landhotel Ferch hatte einen Vorlauf im gediegenen Bonner Hotel »Königshof«. Im Besprechungsraum »Löwenburg« mit Blick auf Rhein und Siebengebirge trafen sich Beck, Steinmeier und Müntefering. Der SPD-Chef war seit Wochen entschieden, nicht selbst die Kanzlerkandidatur anzustreben, sondern sie dem weit populäreren Außenminister anzutragen. Der war bereit, bestand aber darauf, den in Wahlkämpfen erfahrenen (»Wir können Wahlkampf«) Ex-Vorsitzenden in die Kampagne einzubeziehen. Eine Kröte, die Beck nach drei Stunden Gespräch schließlich schluckte. Unter einer Bedingung: Er wollte Herr des Verfahrens bleiben, wollte am Sonntag in Schwielowsee den Kandidaten Steinmeier präsentieren als seine eigene Entscheidung, die ihm nicht irgendwo, erst recht nicht an diesem Abend in Bonn, abgerungen wurde.

War das Naivität? War sein Image in Partei und Medien schon so angeschlagen, dass ihm das ohnehin niemand geglaubt hätte? Die berüchtigten und gefürchteten Samstags-Vorabmeldungen des *Spiegel* jedenfalls waren eindeutig: Kurt Beck zum Rückzug von der Kandidatur gedrängt. Steinmeier holt Müntefering als seinen Wahlkampfleiter. Beck, so kommentierte der Chef des *ZDF*-Hauptstadtbüros Peter Frey, hat künftig vermutlich wieder mehr Zeit für die Landespolitik in Mainz.

Ein Desaster! Die Nachricht erreichte den fußballbegeisterten SPD-Vorsitzenden in seiner Mainzer Wohnung, als er sich vor der geplanten Präsentation Steinmeiers beim Länderspiel des Löw-Teams gegen den Fußballzwerg Liechtenstein am Fernseher entspannen wollte. Stattdessen stundenlange Beratungen mit Vertrauten, Überlegungen, wie er sich verhalten sollte, ungezählte Notizen für eine Rede am nächsten Tag – und am Ende immer wieder die Überzeugung: Rücktritt.

Becks Entschluss konnte keiner der SPD-Granden auf dem Parkplatz des Landhotels Ferch stoppen. Seit Willy Brandts Rücktritt 1987 war es der 8. SPD-Vorsitzende, der in 21 Jahren zurücktrat oder zurücktreten musste. Seine Nachfolge war schnell geregelt. Als der designierte Kanzlerkandidat bei Franz Müntefering anrief und ihm die Nachfolge Becks antrug, zögerte der nicht lange, nahm an und war bald wieder »im schönsten Amt nach Papst«, das er nicht einmal drei Jahre zuvor aus weit geringerem Anlass – weil er Andrea Nahles als Generalsekretärin der Partei nicht ertragen wollte – weggeworfen hatte.

Dunkle Seiten einer renommierten Schule: Das Schweigen muss gebrochen werden.

Berlin, 21. Januar 2010, Canisius-Kolleg

Jahre, Jahrzehnte hatte Matthias Katsch verdrängt, unter heftigen Schuldgefühlen gelitten. Er konnte nicht über das reden, was ihm ein Jesuitenpater des Berliner Canisius-Kollegs in den siebziger Jahren angetan hatte. Als er 15 war. Aus Scham. Aus Angst. Erst nach einem zufälligen Wiedersehen mit seinem Peiniger und dem Geständnis seines besten Schulfreunds, auch missbraucht worden zu sein, fasste Katsch Mut: Anfang 2010 wagte er, Klaus Mertes, dem Leiter des Kollegs, von der dunklen Seite der renommierten Schule zu berichten. Er löste ein Beben aus.

Pater Mertes, seit dem Jahr 2000 Leiter des Kollegs in Tiergarten, hatte zwar von vereinzelten Missbrauchsfällen in früheren Jahren an der Schule gehört, ahnte aber nach dem Gespräch mit Katsch, dass sich zwei Patres, beide längst aus dem Orden ausgeschieden, systematisch an Schülern vergangen hatten. Und er verstand nach den eindringlichen Schilderungen, »welche tiefen Wunden sexueller Missbrauch im Leben junger Menschen hinterlässt, wie die ganze Biographie eines Menschen dadurch jahrzehntelang verdunkelt und beschädigt wird«.

Der Jesuit wollte Klarheit, wollte das ganze Ausmaß sexueller Gewalt an der Schule erfahren. Er schrieb 600 ehemalige Schüler an, die in den siebziger und achtziger Jahren auf dem Kolleg Abitur gemacht hatten. »Mit tiefer Erschütterung und Scham«, heißt es in dem Brief vom 21. Januar 2010, »habe ich diese entsetzlichen, nicht vereinzelten, sondern systematischen und jahrelangen Übergriffe zur Kenntnis genommen.« Ein Wegschauen wie in der Vergangenheit dürfe es nicht mehr geben: »Das Schweigen muss gebrochen werden.«

Mertes änderte den Umgang mit Missbrauch radikal – nicht nur in dem Orden und der katholischen Kirche. Es gab in beiden Institutionen Ansprechpartner für Opfer, die Hilfe suchten. Dieses passive Angebot hielt er für unzureichend. Mertes ermutigte alle Betroffenen, ihre Geschichte zu erzählen, um eine Welle der Aufklärung in Gang zu setzen und damit »dem Kolleg und dem Orden einen Dienst zu erweisen«. Eine Revolution: Die Opfer sollen aufklären, weil die Institution versagte.

Sein Brief hat ein riesiges Echo. Nicht nur an dem Berliner Jesuiten-Kolleg wurden Hunderte von Missbrauchsfällen offenbar. Als hätten sich Schleusen geöffnet, wagten Betroffene in der ganzen Republik, über ihre schlimmen Erfahrungen zu reden. In den Fokus gerieten nicht nur katholische Schulen und Internate wie das der Regensburger Domspatzen. Zwei Monate nach Mertes Initiative konnten auch Hunderte von Missbrauchsfällen an der hessischen Odenwaldschule, einem Aushängeschild der Reformpädagogik, nicht mehr vertuscht werden. Haupttäter: der langjährige Schulleiter Gerold Becker, Lebensgefährte des Hohepriesters der deutschen Pädagogik, Hartmut von Hentig.

Eine wichtige Konsequenz der Initiative von Pater Mertes: Die Missbrauchsopfer organisierten sich. Matthias Katsch wurde Mitbegründer der Initiative »Eckiger Tisch«, Sprachrohr und Interessenvertretung der Opfer im Jesuiten-Orden und der katholischen Kirche.

Während Mertes' Schritt bei den Betroffenen und in der Gesellschaft viel Zustimmung fand, gab es in seinem Orden und der katholischen Kirche keine ungeteilte Zustimmung. Als er 2012 den Gustav-Heinemann-Bürgerpreis der SPD erhielt, fragte er bitter: »Was ist los in diesem Land, wenn das Selbstverständliche gepriesen werden muss? Und was ist los in der katholischen Kirche, wenn das Nestbeschmutzung genannt wird?«

Ob die »Nestbeschmutzung« der Grund war, dass der Jesuit von seinem Orden aus der Hauptstadt in das entlegene Kolleg St. Blasien im Schwarzwald versetzt wurde, dazu hat er sich nie geäußert. Auch nicht dazu, dass er mit seiner unbedingten Aufklärungsforderung bei der Aufarbeitung des Missbrauchs in der Kirche meist ausgeladen war.

Die katholische Kirche geriet unter Druck, die Zahl der Kirchenaustritte stieg drastisch an. Die Deutsche Bischofskonferenz sah sich 2014 gezwungen, in einer Studie zu untersuchen, wie viele Missbrauchsfälle in ihren Akten bekannt und verschwiegen wurden: »Um Klarheit über die dunkle Seite der Kirche« zu schaffen.

Das 2018 veröffentlichte Ergebnis: 3.677 Betroffene wurden in der Bundesrepublik bis 2014 in den Akten der Diözesan-Verwaltungen ermittelt – die Dunkelziffer, so die Studie, liegt weit höher. Priester, Ordensbrüder, Diakone, selbst Bischöfe als Beschuldigte. Die Opfer: meist Jungen, Schüler, Messdiener, Chorknaben, auch Nonnen.

Matthias Katsch, Opfer und Auslöser des »Urknalls«, der den Missbrauch in eine große, wache Öffentlichkeit brachte, hat es sich zur Lebensaufgabe gemacht, mit seinem »Eckigen Tisch« die Aufklärung voranzutreiben. Seine Forderung: »Null Toleranz. Wer als Priester Kinder missbraucht. Und Null Toleranz beim Vertuschen und Verheimlichen. Wer als Bischof solche Taten unter den Teppich kehrt, kann nicht mehr ein Leitungsamt in der Kirche haben.«

Lange hat die katholische Kirche, hat der Vatikan über dieses Mitwissen den Mantel des Schweigens gelegt, hat selbst höchste Würdenträger wie den australischen Kurienkardinal George Pell wegen seiner Pädophilie nicht belangt. Statt Rom klärte die Justiz 2019 auf und verurteilte ihn. Wie bei dem französischen Erzbischof von Lyon, Kardinal Philippe Barbarin: Erst Richter deckten seine Vertuschung von Missbrauchsfällen in seiner Diözese auf und ahndeten sie.

Zweifel an der Aufklärungsbereitschaft lässt auch das Verhalten des deutschen Kurienkardinals Gerhard Ludwig Müller zu, den Papst Benedikt XVI. zum Chef der Glaubenskongregation berufen hatte und der von Papst Franziskus 2017 abgelöst wurde. Als Bischof von Regensburg stand er in Verdacht, die Aufklärung der Missbrauchsfälle bei den »Domspatzen« verzögert zu haben. Im *Spiegel* klagte er, die katholische Kirche werde »bei dem Thema härter angegangen« als andere, und Priester würden »a priori verdächtigt«.

Eine Position, die jüngere deutsche Bischöfe nicht nachvollziehen wollen. Viele von ihnen stehen für einen Umdenkungsprozess und üben heftige Kritik an der bisherigen Haltung ihrer Kirche. Der Hildesheimer Bischof Heiner Wilmer machte dies nach Veröffentlichung der Missbrauchsstudie 2018 in drastischen Worten deutlich und nannte die langjährige Vertuschung von Missbrauchsfällen eine »Katastrophe«. Und irritierte seine Amtsbrüder zusätzlich mit dem Urteil: »Der Missbrauch von Macht gehört zur DNA der Kirche.«

Zureichend tatsächliche Anhaltspunkte: Zehn Jahre mordete der »NSU« unbehelligt in Deutschland.

Eisenach, 4. November 2011, Stadtrand

Das Land unter Schock. Medien, Politik, Polizei. Eine dürre Pressemitteilung aus Karlsruhe, veröffentlicht am Freitagnachmittag des 11. November 2011, löst ein Beben aus: »Bundesanwaltschaft übernimmt Ermittlungen wegen des Mordanschlags auf zwei Polizisten in Heilbronn sowie der bundesweiten Mordserie zum Nachteil von acht türkischstämmigen und einem griechischen Opfer.« Die ganze Sprengkraft entlädt sich in den folgenden Sätzen: »Es liegen zureichend tatsächliche Anhaltspunkte dafür vor, dass die Mordtaten einer rechten Bewegung zuzurechnen sind. Im Wohnmobil der am 4. November 2011 nahe Eisenach tot aufgefundenen Uwe B. und Uwe M. wurden die Dienstwaffen der Heilbronner Polizisten sichergestellt. In der Wohnung der Männer in Zwickau wurde zudem die Pistole aufgefunden, mit der in den Jahren von 2000 bis 2006 die sogenannten Imbissbudenmorde verübt wurden.«

Ein Desaster, ein Supergau. Mehr als zehn Jahre war eine mordende und raubende rechtsterroristische Zelle um Uwe Böhnhardt, Uwe Mundlos und deren Komplizin Beate Zschäpe durchs Land gezogen, hatte brutal und gezielt Ausländer getötet oder durch Bombenattentate verletzt, ohne dass die Sicherheitsbehörden ihnen auf die Spur kamen oder – schlimmer noch – auf die Spur kommen wollten, so der nie ausgelöschte Verdacht. Stattdessen wurde fast ausschließlich im Umfeld der Opfer, in familiären oder kriminellen türkischen Milieus ermittelt.

Unvorstellbar, dass die drei mehr als 13 Jahre unentdeckt abtauchen konnten, obwohl sie die thüringischen Behörden per Haftbefehl seit 1998 wegen Sprengstoffbesitz, Verbreitung brauner Propaganda und dem Bau von Rohrbomben in Thüringen suchten und zeitweise ihre Verstecke kannten. Unvorstellbar, dass sie in Zwickau trotzdem wieder unentdeckt leben konnten. Bis sie am 4. November 2011 in Eisenach aufflogen, als Böhnhardt und Mundlos nach einem Banküberfall in ihr Wohnmobil flohen, das in einem Vorort abgestellt war. Von Polizisten umstellt, zündeten sie den Wohnwagen an und erschossen sich selbst.

Wenig später steckte Zschäpe die gemeinsame Wohnung in Zwickau in Brand, floh und stellte sich Tage später der Polizei. Zuvor hatte sie ein zynisches Bekennervideo, das die Taten der NSU aufzeigt, an mehrere Adressaten verschickt. In den Trümmern ihrer Wohnung wurde eine Pistole vom seltenen Typ Ceska 83 gefunden, die Waffe der Morde an den Opfern der Rechtsterroristen.

Enver Şimşek, Blumenhändler aus dem hessischen Schlüchtern,
ermordet am 9. November 2000 in Nürnberg;

Abdurrahim Özüdogru, Änderungsschneider,
ermordet am 13. Juni 2002 in Nürnberg;

Süleyman Taşköprü, Obst- und Gemüsehändler,
ermordet am 27. Juni 2001 in Hamburg;

Habil Kiliç, Obst- und Gemüsehändler,
ermordet am 29. August 2001 in München;

Mehmet Turgut, Verkäufer in einem Döner-Imbiss,
ermordet am 25. Februar 2004 in Rostock;

Ismail Yaşar, Inhaber eines Döner-Imbiss,
ermordet am 9. Juni in Nürnberg;

Theodoros Boulgarides, Mitinhaber eines Schlüsseldienstes,
ermordet am 15. Juni 2005 in München;

Mehmet Kubaşık, Kioskbesitzer, ermordet am 4. April in Dortmund;

Halit Yozgat, Inhaber eines Internet-Cafés,
ermordet am 6. April 2006 in Kassel.

Michèle Kiesewetter, Polizistin, einziges deutsches Opfer,
ermordet am 25. April 2007 in Heilbronn.

Eine Mordserie quer durch das Land, die in den Medien – von *Spiegel* bis *Bild* – ebenso diskriminierend wie verharmlosend als »Döner-Morde« firmierte. Ein mediales Desaster, in dem der Journalismus die Vermutungen der Ermittlungsbehörden ungefragt übernahm und sich der Parteinahme für unfähige, einseitige oder gar bösartig-revanchistische Ermittlungsbehörden schuldig machte. Eine Studie der »Otto-Brenner-Stiftung« aus dem Jahr 2014 kam zu dem Schluss, dass die Medien mitverantwortlich dafür waren, dass die Opfer durch Verdächtigungen herabgewürdigt wurden und deren Angehörige mit ihrer Sicht der Dinge kaum zu Wort kamen.

Die Politik vertraute den Ermittlern genauso blind. Als bei einem Nagelbombenattentat am 9. Juni 2004 in der Kölner Keupstraße 22 Menschen, vor allem Migranten, schwer verletzt wurden, hatten Bundesinnenminister Otto Schily und sein NRW-Kollege Fritz Behrens schon einen Tag später die Sprachregelung der Polizei übernommen. Schily: »Die Erkenntnisse, die unsere Sicherheitsbehörden bisher gewonnen haben, schließen nicht auf einen terroristischen Hintergrund, sondern auf ein kriminelles Milieu.« Der *Kölner Stadt-Anzeiger* konterte die schnelle Einschätzung der Minister: »Woher sie Ihre Erkenntnisse nehmen, bleibt allerdings ihr Geheimnis.«

Dass Schily irrte, dass der »Nationalsozialistische Untergrund« auch für dieses Attentat verantwortlich war, ist seit 2011 bekannt. Was man nicht wahrhaben wollte, war schlimme Realität. Ein Netzwerk von Rechtsterroristen zog in der Republik ihre Fäden. Das Erschrecken war groß, der unbedingte Willen zur Aufklärung ebenso. Bundeskanzlerin Angela Merkel versprach den Opfern und Angehörigen bei einer Gedenkfeier: »Wir tun alles, um die Morde aufzuklären und die Helfershelfer und Hintermänner aufzudecken und alle Täter ihrer gerechten Strafe zuzuführen. Daran arbeiten alle zuständigen Behörden in Bund und Ländern mit Hochdruck.«

Alle? Aktenvernichtungen in Verfassungsschutzämtern, Verweigerung von Aktenherausgabe, Schutz für dubiose V-Männer, Verdacht auf gemeinsame Sache von Staatsbediensteten mit dem NSU. Trotz Untersuchungsausschüssen im Bundestag und in den Landtagen von acht Bundesländern, trotz Zigtausender Seiten von Zeugenbefragungen, trotz aller Bekundungen zur Aufklärung sind viele Fragen offen. Vor allem die Frage, ob das NSU-Trio allein agierte, lediglich einige wenige Unterstützer hatte oder ob das Terrornetzwerk entschieden mehr Mittäter hatte, ist ungeklärt.

Der Prozess gegen Beate Zschäpe, der nach fünf Verhandlungsjahren vor dem Oberlandesgericht München mit lebenslanger Haftstrafe für Zschäpe – das Urteil ist noch nicht rechtskräftig – endete, gab darauf keine Antwort. Auch nicht auf die Frage, in welchem Maße der Staat und seine Sicherheitsbehörden versagt haben.

Dieses Eingeständnis aber haben Angehörige der Opfer und deren Anwälte immer wieder eingefordert. Auch nach dem Münchener Urteil von 2018 lassen sie nicht locker. Sie wollen, dass die Behörden wegen ihrer Mitschuld zur Verantwortung gezogen werden. Abdulkerim Şimşek, Sohn des ersten NSU-Opfers, des Blumenhändlers Enver Şimşek, ist sich sicher: »Das Gerede von Sicherheitspannen, von Ermittlungspannen, das ist eine Verharmlosung und Verniedlichung. Was wir hier haben, das ist ein System.«

Aufklärung oder Werbung: Politisches Geschacher um Kristina Hänel (Mitte).

Gießen, 24. November 2017, Amtsgericht

Kristina Hänel. Wuschelkopf, randlose Brille, Anfang sechzig, positive Ausstrahlung. Entspannung findet die Dressurreiterin auf ihrem Reiterhof, wo sie auch eine Reittherapie für missbrauchte Kinder anbietet. Sie engagiert sich in der Auschwitz-Lagergemeinschaft, singt Klezmer-Lieder in Fußgängerzonen, ist überzeugte evangelische Christin. Aktiv ohne Ende – und immer dieses innere Strahlen. Man hätte sie gern als beste Freundin. Oder als fürsorgliche Ärztin.

Kristina Hänel ist Ärztin, sie stammt aus einer Medizinersippe, Sohn und Tochter setzen die Familientradition fort. Sie arbeitete als Rettungsärztin und Psychotherapeutin, ist niedergelassene Allgemeinärztin in Gießen – und seit dem 24. November 2017 ziemlich berühmt. Sie ist das Gesicht einer Abtreibungsdebatte, die man auf semantische Feinheiten reduzieren könnte, die jedoch knallharte juristische und gesellschaftliche Konflikte offenbart. Information oder Werbung, das ist hier die Frage, um die es geht.

Auf ihrer Praxis-Webseite steht: Schwangerschaftsabbruch. Details über Email – in Deutsch, Englisch, Türkisch. Das ist nach deutschem Recht auch im 21. Jahrhundert strafbar: Das Amtsgericht Gießen verurteilt die Ärztin an jenem 24. November 2017 zu 6.000 Euro Geldstrafe wegen Verstoßes gegen Paragraf 219a, weil sie »Werbung« macht für dieses Delikt. Dr. Hänel findet: Sie informiert Frauen sachlich über die Möglichkeit, eine Schwangerschaft legal abzubrechen. »Man kann für einen Abbruch nicht werben«, ist ihre Überzeugung, eine solche Entscheidung falle aus innerer Not.

Skandal, hallte es durch die Republik. Abtreibungsgegner brandmarken Hänel in Internetforen ungestraft als »Mörderin« und reden von »Kindermord«, sie bekommt Hassmails und Drohungen. Ihre Unterstützerinnen fordern »Weg mit Paragraf 219a!« Aber die Gießener Ärztin ist keine, die aufgibt. Sie legt Berufung ein gegen das Urteil

(»notfalls bis zum Verfassungsgericht«) und initiiert eine Petition zur Abschaffung des Paragrafen, dessen Entstehung in die Zeit des Nationalsozialismus fällt. 150.434 Unterschriften trägt diese Petition, als Kristina Hänel sie im Dezember 2017 vor dem Reichstag in Berlin und vor vielen Kameras an Bundestagsabgeordnete der SPD, FDP, Grünen und Linken überreicht: »Ab jetzt ist das Thema Sache der Politik.«

Die Debatte über das Hänel-Urteil und Paragraf 219a wird hochemotional und nicht immer fair geführt. Eine Schwangerschaftsunterbrechung ist nach ärztlicher Beratung in den ersten zwölf Wochen straffrei – und eine Information über das Wo und Wie wird unter Strafe gestellt? Ein »Bündnis für sexuelle Selbstbestimmung« fordert mit teilweiser Unterstützung von Pro Familia, SPD, Grünen oder Linken »uneingeschränkten Zugang zu legalem Schwangerschaftsabbruch und die Streichung des Paragrafen 218 aus dem Strafgesetzbuch«.

Im Bundestag ringt die Große Koalition monatelang um einen Gesetzentwurf zu 219a, der Medizinern mehr Rechtssicherheit und Schwangeren größere Entscheidungsfreiheit geben soll. Anfang 2019 passiert er das Plenum. »Murks« nennt ihn eine TV-Journalistin. Ärzte und Kliniken dürfen nun informieren, dass sie Abtreibungen vornehmen. Alle Details: Rechercheaufgaben für die Betroffenen. Die Union hat sich gegen eine liberalere Lösung beim Regierungspartner durchgesetzt. FDP, Grüne und Linke reagieren mit einer Verfassungsklage. Absurd findet die Medizinerin Hänel das politische Geschacher: Es geben keinen Grund, Informationen über Schwangerschaftsabbrüche vorzuenthalten. »Wir wissen sehr gut, ob wir Mutter werden wollen oder nicht, wie lange unsere Kräfte reichen.«

Zwischen Dresden, Frankfurt und München demonstrieren Hunderte gegen den »absurden« Paragrafen 219a, vor der Gießener Praxis von Kristina Hänel laufen wütenden Gegner auf. »Die Höhle der Löwin« hatte sie schon 1994 ein Buch betitelt, das die »Geschichte einer Abtreibungsärztin« beschreibt, damals noch unter Pseudonym, um ihre Familie zu schützen. Jetzt redet und kämpft sie laut und deutlich. »Ich bin aus tiefster Seele Ärztin« bekennt sie in einem Interview mit dem *Tagesspiegel*, »ich rette im Rettungsdienst Leben, ich arbeite mit Menschen, die als Kinder an Heizkörper gefesselt wurden. Und da reden die davon, ich würde ungeborene Kinder töten? Wissen die überhaupt, was das mit mir macht?« Zu Beginn ihrer Medizinerlaufbahn ist ihr durchaus die Frage gekommen: »Warum verhüten die denn nicht?« Bis sie unendlich viel wusste über Gewalt in der Ehe, geflohene werdende Väter, wirtschaftliche Nöte. Und die Tatsache, dass es keine total sichere Verhütung gibt.

Die Kampagnen nach dem Gießener Urteil, das Kristina Hänel in eine große Öffentlichkeit katapultierte, beeindrucken durch Zahlen, aber nicht mit der Vehemenz jener Abtreibungsdebatte zu Beginn der siebziger Jahre, als der *Stern* mit seiner Titelgeschichte »Wir haben abgetrieben« Fotos von 28 prominente Frauen zeigt – angeführt von Romy Schneider – und im Blattinneren 374 Namen. Die *Süddeutsche Zeitung* nannte die Aktion zwar »Exhibitionismus«, räumte aber ein: Unbehagen bereite der Zustand einer Gesellschaft, in der solche Proteste nötig seien.

Bis in die Gegenwart. Die Zahl der Schwangerschaftsabbrüche in Deutschland sinkt zwar. 2017 waren es 101.200 gegenüber mehr als 130.000 vor 20 Jahren. Aber immer weniger Kliniken und Ärzte führen Abtreibungen aus. Medizinstudenten beklagen, das Thema komme in Hochschullehrplänen selten vor. Makaber: Stattdessen wird der Abbruch mancherorts in Workshops an Papayas geübt. Immer noch relevant: Abtreibungstourismus. Polinnen kommen nach Deutschland, um die strengen Gesetze daheim zu umgehen. Deutsche Frauen reisen nach Holland, wenn die Zwölf-Wochen-Frist verstrichen ist. Und manche Schwangere aus Bayern meiden den Abbruch im weiß-blauen Freistaat, um der Ächtung daheim zu entgehen. Sie reisen auch nach Hessen. Nach Gießen. Zu Kristina Hänel. Die hat ein Credo: »Ich möchte, dass jedes Kind, das auf die Welt kommt, willkommen ist.«

Und schaut voll Sehnsucht auf die gute Mutter Erde: Alexander Gerst auf der Raumstation ISS.

Kasachstan, 20. Dezember 2018, offenes Steppengebiet

Die Raumkapsel ist pünktlich. Und mit ihr »Astro Alex«. Endlich wieder Wind um die Ohren, endlich wieder den Duft von Schnee in der Nase! Das ist der Wunsch des deutschen Astronauten Alexander Gerst, als er um 6.02 Uhr am 20. Dezember 2018 in der Steppe von Kasachstan aus der russischen Sojus-Kapsel steigt. Mit ihm der russische Astronaut Sergei Prokopjew und die amerikanische Raumfahrerin Serena Auñón. 198 Tage im All, 198 Tage in der Raumstation ISS. 198 Tage, in denen »Astro Alex« zum Top-Medienereignis wird. Die Mission »Horizons« ist seine zweite im All. Mit 363 Tagen dort oben, knapp ein Jahr also, hat er alle europäischen Rekorde gebrochen. Ein Popstar der Raumfahrt – und des Umweltschutzes.

Regelmäßig schickt der 43-jährige Geophysiker Botschaften zur Erde. Über die Arbeit der Mission »Horizons« , über technische Probleme in der Station, über seine Alltagsprobleme in der Schwerelosigkeit, über medizinische Experimente, denen er sich unterzieht. Keine Konversation für Fachwissenschaftler. Alex ist per Satellit zu Gast bei der TV-»Sendung mit der Maus« und erklärt den jungen Zuschauern die Welt im Orbit. Das Maskottchen der Sendung, die Maus in Astronautenkluft, hat er im All dabei. Er meldet sich per Videobotschaft in seinem württembergischen Heimatort Künzelsau, um die Schönheit der Region mit dem Blick aus 400 Kilometern Entfernung zu beschreiben. Vor allem kommuniziert er immer wieder mit Schulklassen, will sie für die Raumfahrt begeistern. Denn ein Bildungsprogramm für Kinder und Jugendliche ist ein Schwerpunkt der Mission.

Alexander Gerst versteht sich als Botschafter, um der Menschheit die Schönheit der Erde nahezubringen und vor ihrer Zerbrechlichkeit zu warnen. »Konnte eben die ersten Bilder von Mitteleuropa und Deutschland bei Tag machen. Nach mehreren Wochen von Nachtüberflügen. Schockierender Anblick. Alles vertrocknet und braun, was eigentlich grün sein sollte«, schreibt er am 6. August auf Twitter und schickt Fotos von der Dürre im Rheinland mit.

Anfang Dezember sendet er ein Foto von einem Eisberg aus der Antarktis und fragt: »Was wird wohl mit dem Meeresspiegel passieren, wenn wir aus Versehen Grönlands Eiskappe abschmelzen?« Ein anderer Tweet über das Packeis: »Wie der Weltraum, so ist die Antarktis ebenfalls eine scheinbar wüste und leere Umgebung, die wir verstehen müssen, um unseren Planeten zu schützen.«

Der Weltgemeinschaft, die Mitte Dezember im polnischen Kattowitz auf einem Klimagipfel um Eindämmung der Luftvergiftung ringt, schickt er die Mahnung:

»Hallo von der internationalen Raumstation ISS 400 Kilometer über unserem wunderbaren Planeten Erde ... Von hier sehe ich seine Schönheit, seine Zerbrechlichkeit und auch den Einfluss, den die Menschen auf ihn haben ... Der Klimawandel hat Auswirkungen, die selbst mit bloßen Augen aus dem Weltraum zu erkennen sind. Von hier oben ist es kristallklar, dass alles endlich ist auf dieser kleinen Murmel inmitten eines schwarzen Weltraums. Und es gibt keinen Planeten B! Vergessen wir nicht, die Zukunft dieses Planeten liegt in unseren Händen!«

Und einen Tag, bevor der Kommandant die Raumstation verlässt, sendet er von deren Aussichtsmodul ein Video mit der berührenden Entschuldigung an seine ungeborenen Enkelkinder über den Zustand der Erde, »an der ich mich einfach nicht satt sehen kann«:

»Ich würde mir wünschen, dass wir nicht bei euch als die Generation in Erinnerung bleiben, die eure Lebensgrundlage egoistisch und rücksichtslos zerstört hat. Aber wenn ich so auf unseren Planeten runterschaue, dann denke ich, dass ich mich wohl bei euch entschuldigen muss. Im Moment sieht es so aus, dass wir – meine Generation – euch den Planeten nicht gerade im besten Zustand überlassen werden.«

Alexander Gersts Raumfahrt-Mission »Horizones« ist am 20. Dezember um 6.02 Uhr MEZ in der kasachischen Steppe zu Ende. Die Mission, für den Planeten zu kämpfen, hat er als Warnung auf die Erde mitgebracht und offenbar vor allem seine jugendlichen Anhänger sensibilisiert. Und ihnen hat er auch nach seiner Landung noch eine Botschaft zugerufen: »Der einzig wirkliche Ort, denn wir kennen und auf dem wir leben können: Das ist die Erde.«

Norbert Bicher

geb. 1951, Journalist, war u.a. Parlamentskorrespondent der Westfälischen Rundschau, wurde 1998 Pressesprecher der SPD-Bundestagsfraktion unter deren Vorsitzendem Peter Struck, mit dem er als Sprecher 2002 ins Verteidigungsministerium wechselte und 2005 in die Fraktion zurückkehrte. Er lebt in Köln.

BILDNACHWEIS

dpa Picture-Alliance GmbH: S. 8, 12, 16,20, 24, 28, 32, 36, 40, 44, 48, 52, 60, 64, 68, 80, 88, 92, 96, 100, 104, 108, 112, 116, 122, 126, 130, 134, 138, 142, 146, 150, 154, 158, 162, 166, 170, 174, 178, 186, 198, 202, 206, 210, 214, 218, 222, 226, 230, 234, 238, 242, 254, 264

Archiv der sozialen Demokratie in der Friedrich-Ebert-Stiftung: S. 56, 76, 194 (links)

Heinrich-Böll-Archiv, Köln: S. 84

DER SPIEGEL 42/1987: S. 182

ullstein bild: S. 190

imago stock&people GmbH: S. 194 (rechts)

Robert Boecker, Köln: S. 246

Landhaus Ferch: S. 250

Sascha Willms: S. 258

NASA image and video library: S. 268